49905-906

ŒUVRES

DE

SAINT-SIMON & D'ENFANTIN

PRÉCÉDÉES DE DEUX NOTICES HISTORIQUES

XXXIVe VOLUME

ŒUVRES

D'ENFANTIN

PUBLIÉES PAR LES MEMBRES DU CONSEIL

INSTITUÉ PAR ENFANTIN

POUR L'EXÉCUTION DE SES DERNIÈRES VOLONTÉS

QUATORZIÈME VOLUME

PARIS

E. DENTU, ÉDITEUR

LIBRAIRE DE LA SOCIÉTÉ DES GENS DE LETTRES

PALAIS-ROYAL, 17 et 19, GALERIE D'ORLÉANS

—

1873

Tous droits réservés.

CORRESPONDANCE

INÉDITE

D'ENFANTIN

CCCVIᵉ LETTRE

—

A ARLES

Constantine, 20 mars 1841.

Je suis arrivé ici le 14 au soir, mon cher
Arlès, et le 17 au matin le général Bugeaud par-
tait pour Philippeville ; vous voyez qu'il *était
écrit* que je ne le verrais pas, ou plutôt je ne l'ai
pas vu parce qu'on ne m'avait pas écrit. Après
les soins de mon installation, j'ai fait ma visite
au général Négrier, qui m'a reçu comme il
reçoit, m'a-t'on dit, tout le monde, mais je l'igno-
rais, c'est-à-dire dans la cour, se promenant de
long en large au soleil ; comme je croyais qu'il
allait rentrer chez lui et que cependant il ne m'en-

1

gageait pas à l'y suivre, j'ai pensé qu'il en avait
assez de quelques minutes de politesse avec
moi, et je lui ai tiré ma révérence. Je tâcherai
d'être plus heureux une autre fois; mais je ne
me sens pas en position d'être importun.

Je n'ai pas encore eu le temps de juger de
l'effet produit par le passage du gouverneur
et l'arrivée du général Négrier; je le crois
généralement très-bon, mais je n'ai rien appris
encore qui me paraisse de nature à confirmer
les espérances, très-légitimes d'ailleurs, que
l'on fonde sur le passé de ces deux hommes.
Je les crois occupés eux-mêmes à réfléchir à
ce qu'ils doivent faire pour gouverner et administrer une belle province qui n'a, à vrai
dire, ni gouvernement, ni organisation, et qui
en éprouve le plus vif besoin.

J'ai d'ailleurs été un peu occupé d'une circonstance assez particulière : d'un mariage, non
pas du mien, mais de celui d'un ami et collègue de la Commission.

Mariage avec une jeune fille arabe, par-
devant cadi : un costume arabe, avec danse et
repas arabes, dans la maison de sa belle-mère,
et en présence d'une dizaine d'amis de l'époux.

La chose avait fait du bruit. Le cadi se refusait à signer le contrat, il voulait l'ordre ou du moins l'autorisation du général ; celui-ci, consulté, a répondu : « Dites au cadi que le mari n'étant pas militaire n'a pas d'autorisation à me demander ; que du reste, je le connais et réponds qu'il ne peut contracter cette union franco-arabe que par de bons sentiments ; qu'ainsi le cadi me fera plutôt plaisir que peine s'il signe ce contrat.

Le cadi a signé ; mais il n'y avait pas d'hommes à la noce, comme vous devez le penser, sauf nous autres Français ; et la belle-mère est veuve ; sans cela, en puissance de mari, il lui aurait été impossible de marier sa fille à un chien de chrétien, le mâle n'aurait pas voulu. Je crois que le général voit avec plaisir, en effet, ces essais de rapprochement entre les deux populations, parce qu'ils tendent à remplacer la prostitution, seul moyen de contact jusqu'ici entre les deux races. C'est d'ailleurs, je le crois, le seul moyen efficace pour apprendre l'arabe, lorsqu'on n'est plus enfant, et pour étudier les goûts et les préjugés du peuple que nous avons la prétention de gouverner. Quant à notre collègue Morelet en particulier, comme il est chargé du dessin des costumes, ornements, instruments, meubles, cela lui va à merveille, d'autant plus qu'il est fort sensible aux charmes du beau sexe, et que le beau sexe français d'ici est le plus vilain sexe du monde, tandis qu'il a rencontré la plus gentille petite fille arabe qu'on puisse voir. La mariée joue à la poupée et à la balle ; son mari, qui a des principes très-arrétés sur l'économie des plaisirs, ne lui a pas enseigné encore d'autre jeu.

J'ai trouvé mes anciens amis les Arabes en proie à toutes les intrigues inévitables à la suite d'un changement de gouvernement ; ceux qui étaient en faveur sous le général Galbois sont accablés de tous côtés ; les autres, au contraire, se remuent tant qu'ils peuvent pour capter la bienveillance du nouveau général, et dans ce but chargent d'accusations l'administration pré-cédente. Je vous ai parlé dans une de mes der-niéres lettres des accusations qui remontaient jusqu'au général Galbois et qui enveloppaient en passant Urbain et plusieurs autres personnes ; on a si bien fait que le général Négrier n'a plus auprès de lui un seul homme qui sache un peu ce qui s'est fait depuis deux ans dans cette province, et qu'il est ainsi livré tout seul aux intrigues des Arabes. J'espère qu'il s'en tirera parce qu'il a bon œil, mais il lui faudra plus que de l'habileté pour cela, il lui faudra aussi du bonheur.

Les interprètes du général Galbois sont congédiés : Allegro est renvoyé, le cheick El Arab délaissé, le Hakem disgracié, Ben Aïssa en prison, le capitaine Duguet en France, les kaïds nommés précédemment par l'influence du cheick El Arab sur le point d'être remplacés, et toutes les affaires arabes livrées à l'intrigue de Bel Amelaoui, le Talleyrand de Constantine, et du kaïd Ali, le plus fameux pillard du pays. Enfin le général a mis à la tête du bureau des affaires arabes un capitaine qui ne sait pas un mot de la langue et de la politique arabes et qui n'est pas plus propre à cette tâche difficile que je ne ne le serais à danser sur la corde.

Le capitaine Saint-Sauveur lui-même, considéré comme un optimiste, est laissé dans l'ombre, peu écouté et pas consulté. Vital, parce qu'il a été médecin du général Galbois, est renvoyé à Alger, quoiqu'il sache l'arabe et connaisse toutes les familles de Constantine, par suite des soins qu'il a donnés dans presque toutes. Honnête homme instruit, attaché au pays, il demandait en grâce qu'on l'envoyât même dans la solitude de Sétif plutôt que de l'envoyer à Alger, et il va faire son possible pour rentrer en France, puisqu'il ne peut obtenir de rester dans cette province. Tous les colonels ou lieutenants-colonels d'ici sont ou tout à fait nouveaux, ou dégoûtés, ou incapables. L'intendant est tout neuf ; l'on attend bien le colonel Reveux pour chef d'état-major, lui qui était chef d'état-major du général Galbois, mais cet excellent homme, que j'aime d'ailleurs beaucoup, a été toujours tenu par le général Galbois dans une ignorance complète des affaires et dans une nullité dont il a lui-même beaucoup souffert, mais qui n'en était pas moins très-peu favorable à son éducation politique et administrative du pays.

Je ne vous fais pas là un tableau du personnel qui entoure le général bien rassurant pour l'avenir, et le fait est qu'il est imposible de dire jusqu'à présent pour lui ce que je vous disais dernièrement du général Bugeaud, qu'il était bien mieux appuyé et secondé que ses prédécesseurs; et pourtant je vous assure que je suis très-loin de désespérer du général Négrier ; je suis certain qu'il doit être en ce moment très-embarrassé lui-même de sa position, parce que les questions qu'il a à résoudre aujourd'hui sont tout autres que celles qui se présentaient à l'époque de son premier séjour ici, lorsque la victoire était toute fraîche, et qu'il n'y avait pas lieu encore d'organiser, d'administrer les tribus, mais seulement de les contenir.

Il doit commencer à mieux apprécier la tâche excessivement difficile qu'avait le général Galbois, et admirer même qu'avec une valeur personnelle si peu supérieure, il ait pu s'en tirer comme il l'a fait, et reculer jusqu'à présent le grand problème d'organisation des tribus, qui était depuis longtemps déjà imminent et qui est aujourd'hui de première nécessité.

J'ai ferme espoir, dis-je, que le général Négrier s'en tirera à son honneur, malgré les obstacles que la vérité rencontrera pour arriver à son oreille ; parce que la ruse des plus rusés Arabes a toujours son côté grossier, qu'ils ne pourront pas longtemps cacher à un honnête homme.

Je vous l'ai déjà dit, tant que les débris du système du maréchal (le gouvernement du pays par le pays) resteront debout, on ne fera rien de bon pour le gouvernement d'un pays qui, avant tout, pour nous, est une *possession française*.

Déjà le Hakem et Ben Aïssa sont renversés, il faut qu'il en soit de même du kaïd Ali et de Bel Amelaoui ; le cheick El Arab seul peut jouir de son titre et de ses honneurs sans inconvénient, parce que jusqu'ici il n'est cheick de rien du tout et que nous n'occupons pas les pays qu'il est censé gouverner pour nous. Mais les autres, qui administrent, c'est-à-dire qui pillent, les tribus qui nous sont soumises, qui nous suscitent même souvent des nécessités de razzias pour avoir l'occasion de prendre ce qu'ils n'ont pas pu voler, qui exploitent indignement une population inoffensive jusqu'à la forcer souvent à se tourner contre nous, ceux-là ne peuvent nous être que nuisibles, et la seule mesure à prendre envers eux, c'est de les mettre dans l'impossibilité de nous nuire en les envoyant promener en France, ou en Égypte, ou à Constantinople, sous la surveillance de nos consuls et ambassadeurs.

Mais ce n'est pas tout de renverser, il faut fonder. Eh bien, déjà plusieurs tribus ont demandé et un plus grand nombre demandent en ce moment des chefs français ; c'est là qu'il en faut venir : au gouvernement des Arabes par des Arabes il faut substituer le gouvernement des Arabes par des Français, parce que cela seul est la vérité, tandis que l'autre système recouvre nécessairement ou une mauvaise finesse de notre part, ou un indigne pillage de la part des chefs arabes que nous imposons aux Arabes.

J'espère que ce sera là que le géréral Négrier sera irrésistiblement conduit.

Quoiqu'il ait exprimé une opinion contraire à Philippeville, il paraît que déjà il est revenu sur l'idée des kaïds français, tout en la rejetant encore à une époque plus éloignée. Il ne tardera pas à la trouver pressante, et s'occupera sans doute du choix des hommes qui peuvent remplir cette mission ; ils ne sont pas très-nombreux en ce moment, mais je crois que si l'on prenait franchement cette voie ils ne tarderaient pas à se montrer, pourvu qu'on ne se fît pas trop esclave, pour ce choix, de la hiérarchie mililitaire, et que l'on cherchât plutôt dans les petites que dans les grosses épaulettes ; pourvu aussi que l'on fît de cette belle carrière autre chose qu'une impasse ou des oubliettes, et que ce fût même la véritable voie à l'avancement, aux honneurs, à la fortune même, en Algérie.

Dans notre Commission, nous avons deux hommes qui, j'en suis certain, suivraient cette route avec plaisir et utilement ; le capitaine d'état-major de Neveu et le docteur Warnier ; ce dernier a déjà huit ans d'Afrique, parle pas mal l'arabe, et a constamment étudié les tribus ; de Neveu apprend aussi l'arabe et s'en tire assez bien ; c'est l'honnêteté par excellence ; il aime les Arabes, a pris chez lui une femme arabe, et il ferait très-volontiers son avenir dans ce pays. L'exemple qui a été donné par Saint-Sauveur est trop isolé et surtout trop complétement dévoué et aventureux pour trouver des imitateurs, mais je suis certain que quelques exemples de ce genre, pour les tribus qui sollicitent le plus des kaïds francais, entraîneraient bien des volontés dans cette direction.

C'est une erreur de croire que la position isolée de ces officiers dans les tribus serait aventureuse, dangereuse pour leur vie, inquiétante pour l'autorité ; les Arabes *qui auraient demandé* un *kaïd français* sentiraient fort bien ce qui leur reviendrait d'une trahison et d'un assassinat ; et d'ailleurs, comme je vous l'ai déja écrit dans le temps, il faudrait que chacun de ces kaïds eût son petit château crénelé, sa garde de quelques soldats français et de quelques spahis, sa ferme modèle ; enfin que chacun d'eux fût une première pierre de la colonisation future ; et enfin même, s'ils n'habitaient pas les tribus, s'ils restaient en ville, comme le font nos kaïds indigènes ; s'ils y étaient les défenseurs des tribus près de l'autorité au lieu d'en être les spoliateurs et les tyrans comme nos grands Arabes, cela serait un bon pas de fait.

Une grande erreur souvent commise par nous, dans ce pays aussi bien qu'en France, c'est d'agir avec hésitation, doute, je dirais presque avec peur, si ce mot-là était reconnu français ; nous sommes très-braves au feu, très-braves devant la fièvre, mais, dans nos résolutions politiques, nous avons une timidité, une lenteur, aussi une patience et une longanimité qui accusent l'absence de volonté ferme et de but bien arrêté. Le fait est que les Arabes, malgré tous nos succès contre eux, nous croient toujours *peureux*, dans chaque circonstance autre que le combat.

Ce n'est pas seulement notre lenteur à *punir* lorsque, dans de semblables circonstances, eux-mêmes, depuis longtemps, auraient fait sauter des têtes, ce n'est pas notre *indulgence*, notre *générosité*, notre *philanthropie*, qui seules nous font regarder comme timides et sans vigueur, c'est surtout le peu de confiance que nous paraissons avoir en nous-mêmes, dans nos propres idées et dans l'obéissance aux ordres que nous donnons, et c'est aussi l'exagération de précautions que nous prenons souvent contre une population qui n'est jamais plus dangereuse que là ou nous lui montrons que nous la croyons redoutable. Ainsi, lorsque nous mettons un camp au milieu de tribus *soumises*, nous faisons moins bien, selon moi, en vue du maintien de la tranquillité de ces tribus, que si nous placions dans leurs principaux douars un officier et quelques soldats, pour le gouvernement, l'administration et la police de ces tribus, qui comprendraient parfaitement quelle responsabilité pèse sur elles.

Si donc le gouvernement adopte l'idée de donner aux tribus arabes des chefs français, de la même manière qu'il y a déja des gouverneurs de provinces et un gouverneur général, et même quelques commandants de cercle ; si on prolonge cette hiérarchie politique, d'abord dans les tribus importantes par leur force et par leur voisinage de nos villes ; si, en un mot, on veut *organiser* politiquement et administrativement la portion de l'Algérie que nous *possédons*, c'est-à-dire *l'Est*, je crois qu'il faudra entrer dans cette voie rondement, avec assurance, sans tâtonner, et ne pas se borner à des essais successifs d'un pauvre petit kaïd isolé, lancé à l'aventure et ne se rattachant à rien.

Les commandants de cercles de la Calle, de Bône, de Guelmah, de Philippeville, devraient avoir un officier dans chacune des tribus les plus importantes de leur cercle ; autour de Constantine cela serait encore plus facile, près de Sétif même, lorsque la subdivision formée dans ce point aura, comme on le dit, ses 2,000 hommes, on pourra employer ce même procédé, d'officiers détachés dans chacune des principales tribus qui sont entre Sétif et Constantine, telles que les Abd-el-Nour, les Ammer, les Telayma. Et enfin, à l'est de Constantine, la grande tribu des Haractas que domine tout ce côté, dont le kaïdat était autrefois l'apanage des fils aînés des beys de Constantine, et que nous avons maladroitement donnée à une de nos créatures (le kaïd Ali, homme sans passé, sans famille, sans racine dans ce pays), deviendra le point de mire de tous nos kaïds français qui ambitionneront le gouvernement de ces grandes plaines si remplies des souvenirs de Rome, qui s'étendent depuis Sijuh jusqu'à Tunis, qui étaient la grande route de Cirta à Carthage, et qui sont vraiment le siége de notre avenir colonial en Afrique. Tipsa et Sijuh ont un avenir prochain au moins égal à celui de Sétif et de Milah, un avenir bien plus important que celui de Médéah et de Milianah, et celui de Mascara et de Tlemcen. Les Segneir (tribu de Sijuh) demandent un kaïd français; les Zenati (route de Guelmah ici) avaient obtenu Allegro; Saint-Sauveur a les Édrid et les Ouled Sellam (à droite et à gauche de la route des Sijuh). Le cercle de Guelmah peut étendre facilement son influence très-près de Sijuh, de telle sorte que les Haractas se trouveront pour ainsi dire cernés par des tribus soumises au gouvernement direct d'officiers français, du côté du Nord et de l'Ouest, et à leur Sud et à l'Est par des tribus qui leur sont hostiles.

Tout ce que je vous dis ici paraîtrait certainement un rêve à tous nos Parisiens qui s'occupent de l'Algérie et même à la plupart des Français qui sont en Afrique; mais il est bien clair que ce que l'on fera un jour ici doit sembler rêve aujourd'hui, puisque personne n'a encore d'idée sur notre avenir africain, et que le général Bugeaud lui-même a répondu à un toast que portait le colonel du 31ᵉ au gouverneur et à son système, par ces mots : « Messieurs, je n'ai pas de système, et pourtant ce n'est pas un rêve, notre avenir colonial est là et n'est que là. Soumettre une tribu dans cette province est mille fois plus important pour notre avenir que les plus belles razzias du général Lamoricière et même que la prise de Tekedempt ; car on abandonnera tout ce qu'on prendra dans l'Ouest, tandis qu'on n'abandonnera jamais ce qu'on aura occupé dans l'Est.

Oran avec son Mers-el-Kebir ne sera jamais qu'un port ; Alger, avec son joli massif, ne sera également qu'un port avec de fort jolies campagnes, tandis que cette province sera une terre, un royaume, une colonie complète. Si les 60,000 hommes d'Afrique étaient distribués ainsi : 5,000 à Oran, 10,000 à Alger et 4,500 dans la province de Constantine, je me ficherais d'Ab-el-Kader, avec 10,000 hommes seulement dans la Medjanah, et il resterait 35,000 hommes pour organiser, gouverner, administrer un des plus beaux et plus fertiles pays qui existe dans le monde, la seule colonie raisonnable que puisse avoir la France au XIXᵉ siècle.

Mais ceci, c'est *pis* que le traité de la Tafna, dirait-on; selon moi ce n'est pas *pis*, c'est *mieux*, et, je vous l'ai déja dit, j'espère bien que le général Bugeaud fera mieux qu'à la Tafna , mais dans la même ligne.

Et songez donc qu'une fois bien *établis* dans cette province, nous serons plus maîtres du reste de l'Algérie que nous ne l'avons jamais été ; car cette province peut et doit, peu de temps après un *établissement* véritable , se suffire à elle-même ; et alors non-seulement, avec notre port d'Alger, la province d'Alger serait vraiment sous notre dépendance complète, puisque nous la dominerions à revers par les Bibans et Milah, mais Tunis même, le beau royaume de Tunis, serait dans notre main le jour où il conviendrait à notre politique de s'en saisir.

Et qui donc peut croire, aujourd'hui, que la race turque régnera longtems à Tripoli, à Tunis? Est-ce que la Grèce, Alger, ne présageaient pas déja assez sa ruine? est-ce que Mehemet-Ali ne parle pas assez haut encore? c'est donc sur les rives du Medjanah que nous devons être forts, nous qui ne sommes pas allés à Beyrouth, à Saint-Jean-d'Acre et devant Alexandrie.

La fatalité qui nous pousse à user nos forces, à verser notre sang et nos trésors du côté de l'Algérie, où nous n'avons pas d'avenir, et à n'agir que mesquinement au contraire de l'autre côté, paraîtra bientôt, j'espère, aux hommes d'élite, un fol entêtement, une ténacité ignorante, aveugle.

Les vieux Anglais jaloux doivent rire de nos efforts impuissants et de nos immenses sacrifices; ils riraient moins le jour où presque tous nos hommes et nos millions cesseraient d'aller vers l'Occident. C'était bon quand l'Yemen, la Syrie, la Perse et l'Égypte couraient vers l'Espagne ; mais nous, où allons-nous? n'est-ce pas l'Orient qui nous appelle ? Tandis qu'*ils* sont déjà à Constantinople, sur l'Euphrate, à Suez et jusque dans la mer de Chine, est-ce que nous voulons aller à Maroc et à Tafilet, pour rejoindre nos Foulahs de la Sénégambie? Mais l'humanité ne marche pas par-là aujourd'hui, le Cap est découvert; l'Afrique, c'est la rive de la Méditerranée et de la mer Rouge, pas autre chose pour le XIXe siècle; la France y est pour apprendre l'arabe, pour étudier les Arabes, pour comprendre un peu l'islamisme, pour être moins ignorante que toutes les nations européennes

des grands intérêts des races musulmanes,
pour être le Moniteur de l'Europe, afin de modé-
rer et diriger son ardeur de croisades orien-
tales. — Laissons M. Thiers dire que l'affaire
d'Orient ne vaut pas Ancône, la Belgique et
l'Espagne, laissons lui croire qu'on la *magni-
fiée*, elle est trop grande pour lui.

(22) J'apprends que le général Bugeaud a
eu le bon esprit de changer d'opinion quant à
la suppression des camps sur la route de Philippeville; il a même décidé qu'on bâtirait des
villages entourés de murailles et flanqués de
deux tours à deux des angles ; ces villages seraient gardés par soixante hommes seulement et
renfermeraient une trentaine de familles de cul-
tivateurs; le nombre de ces villages sera au
moins de cinq et pourrait être beaucoup augmenté
à mesure qu'on aurait reconnu des lieux conve-
nables à l'habitation et à la culture. D'un autre
côté, il paraît qu'il a mis à Philippeville le commissaire *civil* sous les ordres du commandant
militaire; le civil a voulu donner sa démission,
le général ne l'a pas acceptée, et je crois bien
que le civil a fini provisoirement par obéir. Si le
général a pris cette résolution parce qu'il a jugé

le commissaire civil au-dessous des difficultés de sa position, à la bonne heure ; mais alors, par la même raison, il aurait presque aussi bien pu subordonner l'autorité militaire à l'autorité civile ; si c'est par principe indépendant de la qualité de ces deux personnes, il s'est tout à fait trompé, selon moi, car il faudrait un commissaire civil ferme et capable à Philippeville, ou plutôt il faudrait une autorité *coloniale* avec ou sans épaulettes, mais ayant de la barbe au menton, tandis que maintenant le commandant militaire est une vieille commère et le commissaire civil une bonne femme.

Le général a été également fort rude pour les colons de Philippeville qui lui demandaient des concessions de terres près de la ville. Il leur a répondu : Allez à l'Arrouch et au Smendou, mais ici il n'y a pas place pour vous ; le gouvernement se réserve le cercle de Philippeville pour ses fourrages. » Il est tombé à bras raccourcis sur les *Maltais*, comme il était tombé ici sur les *juifs*, c'est-à-dire sur les deux plus sales mais aussi les deux plus indispensables instruments de colonisation. Les Maltais et les juifs n'ont pas le cœur *français*, c'est évident ; ils sont peu philanthropes de leur nature, ne travaillent que pour de l'argent, mais travaillent beaucoup ; ils sont spéculateurs, accapareurs, *floueurs* et pis que cela même, c'est évident encore ; mais renvoyer de Constantine tous les juifs qui y sont venus depuis que nous y sommes, sous prétexte qu'ils spéculent sur nos *transports*, sur notre *logement*, sur nos *vivres*, et qu'ils nous prêtent leur argent et leur travail à trop gros intérêt, c'est trop militaire et pas assez civil, c'est la vieille économie politique napoléonienne, c'est le maximum révolutionnaire.

L'intendant de Philippeville disant au général que les transports étaient bien chers, mais qu'il n'y avait pas moyen de s'en tirer mieux, qu'on lui faisait la loi, le général se fâche et crie : « Ah ! on vous fait la loi ! eh bien je vais vous laisser un ordre d'après lequel vous *fixerez vous-même* le prix du transport, et vous *contraindrez* les fournisseurs d'en passer par là ; c'est vous qui leur ferez la loi et qui devez la leur faire. « Tout cela est bel et bon, mais tant que nous ne saurons pas l'arabe et que nos administrations ne seront pas plus au fait des *moyens* du pays, nous serons obligés d'en passer par les juifs qui sont indigènes et parlent presque tous un peu le français, et par les Maltais qui parlent tous l'arabe. Si nous comptions tout ce que nous coûte l'ignorance de la langue, des habitudes et des ressources de l'Algérie, ce serait effrayant ; mais le moyen d'éviter ces pertes n'est pas de supprimer les intermédiaires que notre ignorance rend obligatoires ; c'est la même chose que si on voulait renvoyer tous les drogmans.

Depuis que j'ai commencé cette lettre, trois jours se sont écoulés, et j'ai eu plus de détails sur les faits et gestes du gouverneur pendant ses six jours de passage dans la province, qui ne me paraissent pas précisément six jours de création. J'ai vu plusieurs des personnes qui ont été presque constamment près de lui depuis Bône jusqu'à Philippeville, et je n'ai appris d'aucune d'elles une parole qui annonçât que le gouverneur eût des idées tant soit peu arrêtées sur les moyens d'exécution de sa bonne *intention* colonisatrice. Mais il a promis de venir, après la campagne, s'établir à Bône, et là de faire commencer sous ses yeux quelque chose. Espérons donc, car le général Bugeaud est un homme qui s'éclairera vite en *pratiquant*.

J'ai reçu du colonel Bory une petite lettre par

laquelle il me demande un rapport sur l'état où sont mes travaux, et où il me signifie de rester dans cette province jusqu'à ce qu'il juge convenable de m'appeler ailleurs. Le brave homme se figure sans doute que lui et ceux des membres de la Commission qu'il affectionne vont cueillir des lauriers dans la campagne prochaine, et il laisse à Constantine précisément ceux qui pensent que les vrais lauriers de l'Algérie ne poussent pas du côté d'Oran; il aime à être près du soleil et reste au quartier général; et nous qui aimons aussi le soleil, nous nous tenons vers l'Orient, parce que nous sommes convaincus que c'est là aussi que viendra enfin le quartier général.

Je vous envoie copie de ma réponse au colonel. Vous verrez que j'ai tenu à lui dire positivement qu'en définitive l'ethnographe Enfantin s'occupait moins de l'angle facial, du crâne, du poil, des mollets et des fesses des races indigènes que de la politique, du gouvernement, de l'administration, de la colonisation de l'Algérie. Je suis à peu près convaincu que le colonel va dire en lisant ma lettre : « De quoi diable se mêle-t-il? » et qu'en faisant son rapport à M. Laurence, il lui écrira que « décidément l'ethnographe de la Commission bat la campagne, et que ce membre de la Commission scientifique ne fait rien de scientifique et s'occupe de billevesées. » Mais je désire qu'il agisse ainsi afin que M. Laurence soit prévenu de ce qu'il peut attendre de moi , et ne soit pas trop étonné si je ne lui remets pas plus tard un travail sur les garamantes , les gétules , mélanogitules, etc., etc., mais simplement un travail sur le moyen de *gouverner* les prosaïques chaouias du XIXe siècle. — Voici donc ma lettre au colonel :

« Depuis que, par votre ordre, j'ai quitté Alger, depuis le premier novembre, j'ai séjourné, en deux reprises, près de trois mois à Bone, quinze jours à la Calle, et un peu plus à Philippeville. A mon voyage de l'année dernière je n'avais pu visiter Bone et Philippeville qu'en passant.

« J'ai besoin d'un mois ou deux encore à Constantine, et je profiterai, comme vous le désirez, des occasions qui me permettraient d'explorer des portions de la province que je n'aurais pas encore visitées ; car je connais actuellement toutes celles que nous occupons ou que nous

avons traversées dans les deux plus grandes ex-
péditions.

« J'ai continué à m'occuper spécialement de
l'étude des trois grandes parties de la population
de la province, et plus particulièrement des deux
qui ont le plus de rapports avec nous, celles qui
occupent en général les plaines. J'aurai besoin
plus tard d'un séjour à Jigelli et à Bougie pour
compléter les renseignements que j'ai pris sur
les Kabyles.

« J'ai entrepris également un travail qui m'a
paru n'avoir pas été fait encore, sur la *Constitution de la propriété dans les tribus*, parce-
qu'il m'a semblé nécessité par les erreurs com-
mises à Alger, dans l'ignorance où l'on était sous
ce rapport, et par celles qu'on pourrait connaître
encore dans la province de Constantine, puisque
les idées généralement admises sur ce sujet me
paraissent fausses. J'ai été très-secondé dans ce
travail par mon ami M. Marion, juge à Bone,
qui est en Afrique depuis de longues années, et
qui a mis à ma disposition toutes ses observations sur cette matière.

« J'ai pris aussi beaucoup de renseignements
sur l'administration et le gouvernement anciens
de la province, et particulièrement en ce qui con-

cerne *les tribus*, plutôt que les villes qui sont des exceptions très-rares dans ce pays ; j'ai recueilli aussi des notes sur les différentes formes que nous avons données nous-mêmes, depuis que nous occupons la province, à l'administration et au gouvernement des tribus ; enfin je me propose de joindre à cette double vue du passé quelques indications sur les tendances auxquelles je pense que nous devons obéir sous ces deux rapports, pour *organiser* la province en vue de la prochaine *colonisation*.

« Ce dernier sujet m'a surtout vivement préoccupé, et m'a fait rechercher avec soin quels sont les lieux qui, sous le rapport de la salubrité, de la fertilité et de la sécurité, se prêteraient le mieux et les premiers aux essais qui probablement seront bientôt tentés.

« J'ai dû également examiner avec plus d'intérêt les tribus qui occupent aujourd'hui ces lieux ou qui en sont voisines, et rechercher les moyens qui pourront diminuer les inconvénients de la substitution d'une population à l'autre ou de leur contact, et rendre même ce rapprochement favorable à toutes deux.

« Il me serait impossible de vous dire, dès aujourd'hui, la forme sous laquelle je présen-

terai les idées que ces diverses études m'ont
suggérées; je les ai, pour la plupart, élaborées
dans des notes et développées dans des lettres
particulières que je refondrai sans doute plus
tard en un ouvrage sur cette province ; toutefois
vous devez voir, d'après ce que je viens d'avoir
l'honneur de vous dire, que la pensée qui me
dirige dans mes travaux peut se résumer en ces
termes : Gouvernement, administration, constitution de la propriété du sol, dans la province de
Constantine, d'une part en ce qui concerne les
tribus indigènes, de l'autre en ce qui concer-
nerait les *colons*.

« Dans ce travail, les considérations relatives
aux différences de mœurs, de coutumes, de religion, de législation, d'hygiène, qui *séparent* les
Arabes de nous, seraient toujours accompagnées
de l'indication des moyens que je croirais propres, sinon à nous *unir* promptement à eux, du
moins à nous *rapprocher* les uns des autres,
avec le moins d'inconvénients et le plus d'avan-
tages pour tous deux.

« Vous m'avez demandé un rapport sur l'état
de mes travaux ; je crois avoir répondu à votre
demande, dans l'état incomplet où se trouvent
naturellement encore les résultats d'une mission

inachevée, et lorsque rien n'a pu me donner lieu de croire que je dusse en terminer immédiatement quelque partie.

Recevez, etc.

P. E.

CCCVII^E LETTRE

A ARLÈS

Constantine, 25 mars 1841.

Je reçois à l'instant votre bonne lettre de Turin, mon cher Arlès, et puisque vous voulez avoir vite mon avis sur l'envoi que vous aviez l'intention de faire à M. de M. de ma lettre du 12 février, je vous réponds d'abord que je n'en ai pas gardé copie et ne me rappelle pas assez sa forme et ses termes pour juger si elle *pouvait* aller là, mais que dans tous les cas, *selon moi*, elle ne devait pas y aller, ce qui n'empêche pas du tout que, *selon vous*, elle ait dû et pu y aller. Ceci m'amène à m'expliquer encore une petite fois sur mes bourrades que je vous prie toujours de me pardonner.

Vous avez beau vouloir vous effacer et vous faire avec moi mon *facteur* très-humble, je n'accepte pas la chose. Vous avez beau me dire : « J'ai femme et enfants, santé délicate, quatre maisons aux quatre coins de la fabrique de soie d'Europe, réputation de bon enfant qui me fait accabler des affaires des autres, » je ne croirai pas que je doive, comme vous le dites, vous *mâcher* la besogne ; celle que vous faites, je ne peux pas la faire, précisément parce que je n'ai ni femme ni enfants, que j'ai une santé fort robuste, que je n'ai pas de maison et suis sous la tente, et que je suis si peu bon enfant, à ce qu'il paraît, que personne ne me charge de ses affaires, pas même le plus petit chaouia, en un mot vous êtes *dans le monde* et je n'y suis pas ; et j'ajoute : vous êtes dans le monde une des deux portes par lesquelles j'y peux rentrer, Saint-Cyr est l'autre ; vous êtes la porte de la *politique*, il est celle de la *famille ;* c'est vous qui dites que je suis un bon *citoyen*, et lui qui dit que je suis un bon *parent ;* vous êtes mon *témoin,* il est mon *patron.* Et c'est par ces deux portes que je me présente au Prince, parce que, selon ma pensée et mon espoir, le jour où le Prince vous dira à tous deux : en effet, cet homme est un bon citoyen et un brave homme, je serai, de *droit*, rentré dans le monde, et que je ne suis point embarrassé du pas qu'il me faudra faire alors pour y rentrer *de fait*.

Si je me suis étonné, ainsi que vous le dites, que vous ayez fait des *brioches* (je suis trop poli pour me rappeler avoir été si impoli), je confesse que j'ai eu tort ; vous devez en faire, c'est évident, qui n'en fait pas ? Mais les vôtres sont *bonnes*, soyez-en sûr ; quant à moi, j'en suis convaincu, je les trouve excellentes. Vous savez bien que je vis pour les fautes de mes amis et pour les miennes, lorsqu'une fois elles sont faites, ce que saint Augustin disait avec tant d'onction et de vérité de la faute de notre mère commune : *felix culpa !* Toute faute pour un homme qui a du cœur et de la tête et de l'activité est un enseignement de ce qu'il faut éviter et indirectement de ce qu'il faut faire. Les gens qui se croient parfaits fulminent contre les fautes, mais aussi ce sont ceux-là qui ne savent jamais en tirer parti.

Vous ne voulez pas que je vous réponde en oracles et en paraboles, lorsque vous me ques-

tionnez sur ce que vous devez faire, vous voudriez des ordres ! Vous n'êtes pas dégoûté. —
Moi aussi j'aimerais beaucoup à en donner, des
ordres, et je suis un peu fatigué de donner,
depuis une dizaine d'années, des énigmes que
tout le monde ne comprend pas encore aussi
bien que vous, ne vous déplaise. Mais voulez-
vous donc que, monté sur mon sale mulet arabe,
avec une peau de mouton pour selle, mêlé dans
les charretiers du train, confondu avec les caba-
retiers colons d'Algérie, coiffé d'une casquette
d'épicier, couchant dans mon tapis et mon bur-
nous, en chambre à lits multiples garnis de
pouilleux et de puces, voulez-vous que je trouve
là l'inspiration qui permet de donner des ordres?
Cela m'est mille fois plus impossible qu'à vous,
avec les soins de la famille et des affaires, de
deviner des énigmes et d'interpréter des oracles.

Permettez-moi donc de rester prophète, vati-
cinateur et sibylle, tant que je ne serai ni
caporal ni électeur, et vous au contraire *je vous
ordonne* de deviner des énigmes et de ruminer
des mystères, puisque vous êtes citoyen d'un
gouvernement représentatif, garde national, juré,
électeur, éligible, moitié catholique et moitié
protestant, enfin puisque vous êtes dans ce

monde très-embrouillé et très-énigmatique, parabolique et électrique que M. Jouffroy, qui s'y connaît, a si bien défini.

A propos de M. Jouffroy, savez-vous que M. Thiers a été mirobolant ! Ce bon petit sainte nitouche qui n'a jamais voulu la guerre et qui trouve qu'on a *magnifié* (il y tient, il l'a dit deux fois) qu'on a *magnifié*, je le répète aussi, cette petite bagatelle de l'affaire d'Orient, au point de la faire plus grande que l'Espagne, que la Belgique, qu'Ancône ! C'est avec peine qu'il s'était occupé de cette futilité orientale, et il prévoyait, le malin, qu'on la gonflerait, qu'on la magnifierait, dis-je ou dit-il, tellement qu'il en sortirait des orages, et voici que Mehemet-Ali refuse aujourd'hui les curieuses conditions du Hatti Scheriff, du 18 février, et que, pour 1841 comme pour 1840, l'Orient est encore gros d'orages.

Encore une petite énigme, s'il vous plaît ? — Si nous allions chercher des soies à Brousse et à Smyrne et des cocons en Syrie? Qu'en dites-vous, Monsieur l'épicier? l'Orient est le point brillant du globe pour tout ce siècle; je crois, comme M. Teste, *qu'il y a là quelque chose à faire.*

Je vous embrasse bien, cher ami, de tout mon cœur.

P. E.

CCCVIII LETTRE

—

AU GÉNÉRAL SAINT-CYR NUGUES

Constantine, 2 avril 1841.

Mon cher Saint-Cyr, les lettres que je reçois d'Égypte m'annoncent que nous y sommes devancés, comme je le craignais, dans la voie d'influence toute pacifique qui me semblait devoir appartenir à la France. Tandis qu'on te répondait que le moment n'était pas opportun pour s'occuper de science en Égypte, une société fondée par les Anglais du Caire, d'abord sous forme de club et presque de cabinet de lecture, prenant le nom de Société égyptienne, s'associait quelques Français, décidait que le tiers de ses revenus serait consacré à une publication annuelle et fondait une bibliothèque. En même temps, le Pacha recevait

de la société Royale de Londres les instruments
d'astronomie, de météorologie et de physique
terrestre, nécessaires à la fondation de l'observatoire dont il pressait la construction, au point
que Lambert m'écrit: je reçois ordre sur ordre
pour hâter les travaux de l'observatoire.

D'un autre côté, il m'a été dit qu'il avait été
question dans les bureaux du Ministère et dans
des réunions de pairs et de députés, de la fondation d'une *Société africaine,* spécialement en
vue de l'Algérie, mais qui naturellement embras-
serait toutes les connaissances relatives à l'Afrique. J'ai lu un projet imprimé en 1840, rédigé
par un M. F. de Pussy, qui est ici en ce moment
(c'est un parent de M. Valat de Chevigny), où
cette idée est développée sous la forme d'*association libre,* tandis que, d'une autre part, on
m'a dit que M. Laurence songeait à substituer
à notre Commission scientifique *temporaire*
une institution *permanente* chargée des intérêts de la science en Algérie. MM. Mounier,
de Mortemart, Jouffroy et, en général, les pairs
et députés qui se sont le plus occupés de la
question d'Alger, auraient accueilli le projet de
M. de Pussy, qui n'aurait été entravé que par
les événements algériens de l'année dernière.

Ici donc, comme pour l'Égypte, c'est la con-
sidération de l'état de guerre qui ferait regarder
comme inopportunes des mesures que je crois
pourtant très-efficaces contre la guerre elle-
même. Le fameux dicton : *Si vis pacem, para
bellum,* me semble beaucoup moins vrai, pour
le XIXe siècle, que : *Si vis pacem, para pacem ;*
et certainement, pour l'Algérie, bien souvent des
causes de guerre auraient été évitées, si l'on avait
eu une *connaissance* plus parfaite du pays, de
ses ressources, des mœurs des habitants, du
climat, des lieux et des temps sains ou mal
sains, en un mot si on l'avait *étudié.*

Je crois qu'on a eu tort de remettre à des
temps meilleurs le projet d'institut d'Égypte,
mais qu'il est encore temps de s'en occuper ; la
Société du Caire est encore dans l'enfance, les
moyens dont elle peut disposer sont faibles ; elle
est très-loin de ce que sont les Sociétés de
Bombay et de Calcutta et la Société royale
asiatique de Londres ; mais elle est anglaise et
trouvera facilement des appuis à Londres.

D'un autre côté, cette société n'a pas de
caractère gouvernemental ; l'autorité égyptienne
y est étrangère ; elle n'a même admis encore
dans son sein aucun indigène ; elle ne se

rattache en aucune manière à l'instruction publique, aux travaux publics, à l'administration du pays ; elle n'a pas rang politique.

Loin de penser qu'il faille chercher à la détruire, à entraver son développement, je me réjouis, au contraire, d'y voir entrer dernièrement MM. Clot Bey, Perron, Figari, Cesson, Price ; Linant y est depuis longtemps ; Lambert est membre du Comité des fondateurs et secrétaire pour la correspondance française, et j'espère bien que tous les Européens instruits qui habitent l'Égypte se feront un devoir de contribuer aux progrès de cette institution ; mais, je le répète, c'est une association *libre*, et il est nécessaire qu'il y ait à côté d'elle une société *politique;* l'une est jusqu'ici exclusivement et sera toujours particulièrement européenne, l'autre doit être généralement égyptienne.

C'est à cette dernière que le gouvernement français me semble devoir donner toute son attention, parce que c'est elle qui aura action *directe* sur l'Égypte.

Quant à l'institution scientifique *permanente* que réclame l'Algérie, je crois aussi qu'il serait temps de s'en occuper. Comme je te l'ai déjà écrit, je regrette que notre commission n'ait pas

été conçue en vue de cet avenir, et que ses
instructions n'aient pas porté, en première
ligne, sur la nécessité de préparer, par sa mission passagère, un établissement durable. Je
regrette qu'on n'ait pas imposé à nos naturalistes
l'obligation de faire spécialement une collection
pour Alger, et de donner ainsi une base à un
cabinet d'histoire naturelle ; à nos archéologues
de préparer les premiers matériaux d'un
musée ; à nos géographes et dessinateurs,
à des philologues, d'enrichir la bibliothèque
d'Alger ; à nos médecins et chirurgiens de
préparer la création d'une école de médecine
et d'un cabinet d'anatomie ; enfin je regrette
qu'on n'ait pas inspiré à tous le désir et imposé
le devoir de fonder en Algérie une institution
scientifique algérienne, au lieu de ne songer qu'à
la publication de quelques gros in-folio sur ce
pays.

L'institut algérien et l'institut du Caire doivent
être les deux grands instruments scientifiques
de la civilisation future de toute l'Afrique, et dès
à présent ils peuvent rendre de très-grands
services à *la France*.

Si tu croyais utile que je fisse, sur les besoins

de l'Algérie sous ce rapport, un travail analogue
à celui que je t'avais envoyé sur l'institut
d'Égypte et que tu as remis au duc d'Orléans et
au maréchal Soult, je te prierais de me le
dire.

Le siége de la Société africaine, projetée par
M. de Pussy, devait être à Paris ; je crois, en
effet, qu'il serait bon de réunir à Paris, dans
une association *libre*, tous les hommes qui
s'intéressent, par divers motifs, à l'avenir de
l'Afrique, et ceci me paraît, en effet, devoir se
réaliser en dehors de l'action gouvernementale ;
mais pour la partie de l'Afrique que nous gou-
vernons, pour l'Algérie, il me semble que le
gouvernement seul peut et doit créer l'institution chargée de *connaître* et *faire connaître* ce
pays, et que le siége de cette institution ne
saurait être Paris, mais en Algérie même. Il est
très-bien qu'il y ait des hommes qui s'occupent
de ces grands intérêts, pour ainsi dire, en
amateurs, et sans quitter pour cela le voisinage
des brillantes lumières de la capitale ; mais, il en
faut aussi qui se livrent à cette tâche par devoir,
par métier ; la science a son clergé séculier ; il
lui faut aussi un clergé régulier ; à Paris se
tiendront les amateurs de l'Algérie, tandis que

ses amis doivent être ici, ne fût-ce que pour prêcher d'exemple.

Tout à toi.

P. E.

CCCIX^e LETTRE

AU GÉNÉRAL SAINT-CYR NUGUES

Constantine, 11 avril 1841.

Mon cher Saint-Cyr, j'espérais bien recevoir directement de tes nouvelles; je craignais d'avoir involontairement dans mes dernières lettres de Philippeville ou de Bone écrit des choses qui t'auraient fait de la peine; mais les dames m'apprennent que tu leur as écrit depuis, en leur parlant de moi, dans des termes qui m'empêchent de craindre. Je regrette de n'avoir pas su plus tôt que tu avais parlé au général Bugeaud et qu'il t'avait paru disposé à m'accueillir, et pourtant je ne sais pas s'il ne vaut pas mieux que cette nouvelle ne me soit pas arrivée, et que je ne me sois pas placé sur le passage du général, au moment où il doit nécessairement être préoccupé et absorbé par la pensée purement militaire.

Je reçois encore aujourd'hui une lettre de Lambert qui, tout en me parlant des incertitudes qui règnent au Caire sur la position future de Méhémet-Ali, me dit que, dans les discours d'hommes influents et dans ceux du Pacha lui-même, il est souvent question des travaux publics, des écoles, du barrage et de la communication des deux mers. Il m'apprend aussi que le Pacha lui a adressé un astronome anglais résidant dans l'Inde et chargé par la Société royale de Londres de hâter, en passant en Égypte, la construction et l'établissement de l'observatoire, et qui a aidé Lambert à provoquer et à obtenir du Pacha de nouveaux travaux pour compléter cette œuvre. Cet astronome, M. Caldecott, est parti pour Bombay, laissant cette affaire en bon train.

J'ai envoyé à Arlès depuis deux mois beaucoup de lettres qui ont suivi ou suivront leur route ordinaire. Arlès lui-même devra être à Paris quand tu recevras celle-ci, et te dira le résultat de ses communications.

Plusieurs de ces lettres sont postérieures au rapport du maréchal et à l'arrivée du général Bugeaud, et ont pour but de continuer à appeler l'attention du prince sur cette province, parce que très-probablement les circonstances militaires vont la fixer en général de l'autre côté.

J'ai adressé au colonel une lettre, espèce de rapport sur la direction de mes travaux ; il m'en a fait compliment, et me dit presque des douceurs qui me feraient croire qu'il a eu un reflet de la recommandation au général Bugeaud.

Mon séjour à Constantine m'est rude, et cependant je regretterais de ne pás y être revenu. Le général Négrier a des idées sur ce pays et une pratique gouvernementale qui me paraissent fort dangereuses, quoique vigoureuses, fort arriérées quoique très-raisonnées, et qui répugnent complétement à ma raison aussi bien qu'à mes sentiments et même à mon tempérament. Les têtes coupées ne me vont pas du tout. Si d'ailleurs, à côté de ces exécutions, que l'on considère, sans doute, comme nécessaires à la *sécurité* de notre établissement dans ce pays, je voyais que l'on eût quelques idées, que l'on entreprît quelque chose pour la *prospérité* de cet établissement, pour le rendre *productif*.

ou du moins pour diminuer les énormes charges qu'il impose à la France, je supporterais mieux ce que je considère comme une déplorable erreur, comme un anachronisme; je me consolerais presque de voir des Français se conduire à la Turque et affirmer que c'est le seul système praticable.

J'ai entrepris un travail qui m'occupera encore une quinzaine de jours; après cela j'ai grande envie de rentrer à Alger, et d'aller de là passer quelque temps à Oran pendant la campagne.

Mais, comme je te l'ai déjà écrit, je ne crois pas qu'une prolongation de séjour en Algérie me soit bien nécessaire. J'ai vu ce que j'avais à voir, ce sur quoi je peux avoir et exprimer une opinion; je suis très-loin de penser que je sais tout ce qu'il y a d'intéressant à connaître en Algérie, mais seulement ce que, moi, je peux avoir intérêt à connaître.

A plusieurs il a fallu beaucoup moins de temps pour se former leur opinion algérienne, à d'autres il en faudra plus qu'à moi; cela dépend des choses qu'on embrasse; mais chacun a sa limite de temps d'étude, au delà de laquelle on arrive au temps perdu. J'accepte donc l'espoir que me donnent les lettres de ces dames pour cet automne, de pouvoir vous embrasser à Curson, quoique je ne comprenne pas bien comment mon retour pourra s'effectuer contrairement au désir du colonel de faire durer la chose le plus longtemps possible ; si tu penses que ce soit sous la forme d'un congé, dis-le-moi, et tâche de savoir comment je devrais m'y prendre pour l'obtenir ; je crois que ce serait le meilleur mode de retour, à moins que je ne sois rappelé pour une autre destination ; car on ne ferait pas cesser ma mission avant celle de mes collègues. Je te prie de t'occuper de cette question fort intéressante pour moi.

Je t'embrasse de tout mon cœur.

P. E.

CCCX{ᵉ} LETTRE

A ARLÈS

Constantine, 11 avril 1841.

J'ai reçu, mon cher ami, votre lettre de Milan

du 15 mars, il y a quelque jours, par un courrier extraordinaire, et aujourd'hui celle de Turin du 23, terminée à Lyon le 27 ; j'ai aussi la lettre d'Holstein du 24.

Je vous ai, en effet, écrit, entre le 14 février et le 4 mars, de Philippeville, en un seul courrier parti je crois le 26 février, trois lettres des 20, 22 et 25 février : la première relative à Soliman Pacha et à l'Algérie ; — la seconde sur le gouvernement de l'Algérie par le général Bugeaud ; — la troisième, enfin, sur un projet de colonisation à propos de la route de Bône à Philippeville. — J'ai copie de ces trois lettres, mais je serais pourtant très-vexé qu'elles ne vous soient pas parvenues, parce que je les crois intéressantes et opportunes. Malgré cela je n'ai pas le temps de les copier et je crois qu'il faudra en faire mon deuil pour le moment. On a pourtant reçu à Curson ma lettre du 20 février.

Le colonel m'envoie des compliments et des douceurs pour ma lettre dont je vous ai remis copie en date du 19 mars ; je ne m'y attendais pas. — Comme d'après ce qu'on m'écrit de Curson, Saint-Cyr a parlé au général Bugeaud et compte que celui-ci me verra avec plaisir, il est possible que la bonne grâce du colonel soit un reflet d'un mot du général.

On continue à couper des têtes, une avant-hier et une aujourd'hui !!!

Lambert m'écrit le retour de Soliman, les incertitudes sur la position de Méhémet-Ali, et partant la préoccupation de plusieurs hommes influents relativement aux travaux publics, aux écoles, au barrage, à la communication des deux mers.

Ma lettre de ce courrier, relative à la Chine, m'a conduit à un travail sur le xve et le xvie siècle (Charles V, François Ier, Henri VIII, Maximilien Ier, etc.), qui me sera, je crois, fort utile et dont vous aurez le contre-coup dans mes lettres prochaines.

Songez à ce que je dis de l'Amérique en ce moment et de l'Angleterre. Il y a une immense crise qui s'apprête. L'Amérique a fait ses dents de sept ans jusqu'à Washington, elle a fait sa puberté jusqu'à présent, mais elle aura la crise de la virilité qui sera majeure; — d'un autre côté, l'Angleterre en est, au contraire, à la crise de *caducité* qui précède le *renouvellement*. Je sais que ces deux circonstances-là sont favorables, soit pour exploiter la passion du jeune homme, soit pour se faire faire un legs par le vieillard ; mais au moment où on ne s'y attend pas, le jeune homme vous floue et le vieillard vous pette dans la main.

Adieu, cher ami ; cette lettre vous trouvera, sans doute, à Paris. Saluez de ma part la grande capitale.

Je vous serre la main.

P. E.

CCCXIᵉ LETTRE

A ARLÈS

Constantine, 25 avril 1841.

Mon cher Arlès, je n'ai rien à vous écrire aujourd'hui ; mais, comme ma lettre ira, sans doute, vous trouver à Londres, je veux vous prier de remercier Curie de sa bonne lettre du 5 courant. Dites-lui que, sauf quelques légères indispositions, ma santé est bonne et que je veux les voir, lui et Augustine, ainsi que l'Angleterre, non en malade, mais en solide gentleman. Je suis bien aise d'apprendre qu'il réussit et qu'ils sont heureux; ils le méritent.

J'ai votre lettre du 9 octobre et j'attends avec impatience celle de Paris; je suis toujours sans nouvelles de Saint-Cyr.

Je continue un travail d'étude sur l'époque du xve et du xvie siècle, vivant avec les grands hommes et les événements de ce temps, à défaut de grands hommes et de grands événements pour aujourd'hui.

Je n'ai pas fixé encore mon départ pour Alger, mais je ne tarderai pas beaucoup.

Vos trois questions me paraissent rédigées en termes fort clairs et très-bonnes à poser. Vous aurez probablement dans ce congrès des fouriéristes qui diront : *Prenez mon ours*. Je vous engage à vous tenir en mesure de les faire s'expliqu.r sur une question que vos deux termes de *maîtres* et *ouvriers* ne soulèvent pas directement, mais qui joue pourtant un rôle *capital* dans le fait industriel, c'est celle du *capitaliste*. Ce que vous appelez *maître* à Lyon est un homme qui est de nature fort complexe : un peu *capitaliste*, un peu *commandeur* de travail, un peu *directeur* de travail; vous savez

que les fouriéristes veulent que le *capital* pro-
duise *revenu* à son propriétaire, indépendamment de toute espèce de *travail* et de *talent* de
la part dudit propriétaire, par cela seul qu'il
est propriétaire; d'où, par conséquent, *oisiveté
ignorante et riche*, et aussi d'où *héritage*. Vous
y serez conduit; c'est à vous de voir si vous
devez éluder ou accepter discussion. Il n'est pas
possible de résoudre complétement, politiquement, pratiquement la question d'organisation
d'industrie sans toucher à la question de *propriété*, mais elle peut se discuter théoriquement, d'une manière assez utile, en n'examinant
que celle du *salaire*, c'est-à-dire la part de
l'*ouvrier* dans le produit total du *travail*, sans
examiner comment le reste du produit sera
réparti soit au *directeur* du travail seul, soit au
directeur et au capitaliste *oisif*. Je dis *capitaliste
oisif*, parce qu'il est bien clair que la fonction de
distribuer des instruments et ateliers sera
un jour une fonction très-largement rétribuée,
non pas à cause du capital, mais à cause du
talent et de la moralité qu'il faudra pour le
placer en bonnes mains. C'est là où les fouriéristes commettent leur plus grosse erreur industrielle, de ce qu'il y a dans l'industrie une

fonction indispensable qui consiste à *distribuer*, à *placer* le capital (c'est-à-dire les instruments et ateliers), ils en concluent que c'est le capital qui mérite salaire, et attribuent ce salaire à l'homme qu'ils continuent à appeler *capitaliste*. Ils ont donc trois rétributions : celle du capital, du talent et du travail, trois termes mystiques qui cachent une grosse erreur et qui devraient être remplacés par ceux-ci : rétribution du *distributeur* des instruments et ateliers, du *directeur* du travail ou maître, et enfin de l'*ouvrier*.

La première rétribution a pour objet de solder l'*administration*, la seconde le *gouvernement*, la troisième le *peuple*, dans chaque industrie.

Cette formule *industrielle* est également la formule générale de la politique.

Mais ceci me mènerait trop loin pour aujourd'hui et je suis pressé.

Urbain me dit qu'il est chargé d'un travail sur l'Algérie et qu'il désirerait bien connaître mes idées. Je lui réponds que le plus simple serait de vous demander lecture de mes lettres, mais j'ajoute que je vous ai prié de n'en pas laisser prendre copie et même de ne les faire lire qu'au plus petit nombre possible de personnes, et enfin que je ne crois pas qu'il doive les lire, qu'il vaut mieux qu'il dise *ses* idées que les *miennes*, et qu'il ne pourrait dire *nos* idées qu'autant que nous serions près l'un de l'autre et les deux têtes dans le même bonnet, ce qui n'est pas.

Comme vous reverrez Paris après cette lettre, je suis bien aise de vous rappeler encore, même à propos d'Urbain, que je ne veux pas de publicité pour 5, 6, 7 ou 8 personnes. *Un* ou *tous*, mais pas de juste milieu *de causerie*. Toutes ces lettres ont un but direct, personnel, qui les ferait mal comprendre ou bien comprendre même, et je ne me soucie pas plus de l'un que de l'autre.

M. le général Letang s'est amusé à me faire imprimer dans le *Toulonnais*; je ne lui en sais pas absolument mauvais gré, mais cela m'a un peu vexé, quoique mon nom n'y ait pas été mis.

Rien de nouveau ici depuis le dernier courrier; pas de têtes coupées. J'ai dîné dimanche chez le général avec mes cinq collègues de la Commission; je n'ai rien du tout à vous en dire.

Adieu, cher ami. Vous savez que je ne m'amuse pas précisément ici et que j'aurais bien du plaisir à vous serrer la main; voyez avec Saint-Cyr quand et comment cela sera possible.

P. E.

CCCXII^e LETTRE

A ARLÈS

Philippeville, 7 mai 1841.

Je reçois ici votre lettre du 23 avril, mon cher Arlès, et, malgré votre visite à Saint-Cyr, je n'ai encore rien reçu de lui; je vais donc encore me trouver après-demain à Alger, en présence du général Bugeaud, non-seulement sans lettre d'introduction, mais même sans instruction directe de Saint-Cyr qui me fasse savoir ce qu'a été sa conversation sur moi avec le général; c'est fort peu commode, mais Allah Kerim.

J'apprends avec plaisir ce que vous me dites d'Olinde, et j'ai reçu par Holstein la lettre de Michel sur les fortifications et un numéro du journal de Vinçard où se trouve une lettre de

Victor Hugo. Tout cela va bien et compenserait ce que vous me dites de désespérant d'un autre côté, si je n'avais pas la conviction que vous vous désespérez à tort et que vous avez même mal compris ce que je vous ai écrit moi-même sur les fortifications. Vous avez tort de croire qu'on pense passer du régime militaire au régime industriel sans flouer quelque peu l'armée. Ceci vous explique l'utilité, la nécessité d'une conduite que vous désapprouvez, conduite que je ne crois pas nettement inspirée par ce but, mais qui y tend à l'insu même de celui qui la tient. Vous vous trompez donc, selon moi, si vous attendez qu'on vous appelle à audience, et si vous craignez de donner l'embarras d'une demi-heure pacifique au guerrier dont vous me parlez. Vous n'avez pas cent choses à lui dire, et lui cent à vous répondre ; vous êtes le conducteur d'électricité qu'il faut qu'on touche de temps à autre. Ce n'est pas M. Boismilon que vous devez tenir à voir, quoique je sois loin de penser que vous deviez négliger ses bonnes dispositions. Vous devez vous *assurer qu'on lit,* car ce qu'on lit est assez long pour que, si on lit dans la position où l'on est, ce ne puisse être qu'avec intérêt.

Je regrette très-vivement que, contrairement à ma pensée, vous ayez cru devoir non-seulement faire lire mais confier à M. Boismilon ma boutade à V. H., puisque vous ne la remettiez pas à celui-ci, et même je l'aurais encore regretté si vous aviez commencé par la remettre au poëte qui appartient au *genus irritabile vatum* et qui a déjà fait passer, selon lui, deux collègues de M. Boismilon à la postérité, pour quelques observations que ces deux messieurs avaient pensé pouvoir lui faire en les marquant d'un de ses vers.

Vous voyez que si l'amour-propre froissé peut faire faire pareille pasquinade à un grand poëte, on doit ménager sa susceptibilité prodigieuse quand on espère de lui de grandes choses. Je crois que ce que je vous dis ici vous engagera également à ne pas renoncer comme vous le faites à Lamartine. Quoique cela puisse vous paraître exagéré, je vous dirai qu'il y a presque autant de bêtises dans la lettre de Michel, relativement à ce qu'est Michel, qu'il y en a dans les discours de Lamartine. Je ne désespère pas du tout de Michel, cependant, tant s'en faut; ce qu'il a dit était utile à dire, devait être dit par lui, et de même Lamartine dit ce

que Lamartine peut et doit dire en l'an de grâce
1841.

Michel combat les fortifications, et sa lettre
exprime l'espoir que ses pairs rejetteront cette
barbarie, et il n'y a pas un seul passage de sa
lettre qui exprime ce qu'il faudrait voir de pro-
videntiel dans cette grande folie *si elle se réali-
sait;* il a donc cru d'une part qu'une chose qui
devait arriver n'arriverait pas, et, de l'autre, qu'il
n'y avait *qu'à frémir* si par grandissime malheur la chose arrivait. Ce n'est pas précisément
là un large coup d'œil d'homme politique, quoique
ce soit une bonne œuvre *d'écrivain* politique.
Or, Michel n'est jusqu'à présent qu'un *écrivain*
politique, comme Lamartine n'est qu'un *orateur*
politique, comme le prince n'est qu'un *amateur*
politique. A ces trois titres, ce qu'il faut attendre
d'eux *aujourd'hui,* c'est la parole, l'écrit ou le
sentiment qui peuvent le plus être utiles dans
les trois positions qu'ils occupent, pour les
acheminer à la fonction vraiment politique, tout
à fait gouvernementale qu'ils doivent prendre un
jour, et pour amener le public à les désirer là,
à les y pousser, à les y attendre.

Un mot encore sur le roi. Je vous affirme
que l'histoire lui réserve une bonne place, ce

qui n'empêche ni de mourir assassiné ni peut-être même détrôné, quand il y a des Ravaillac et des *Charivari*, c'est-à-dire des jésuites au poignard ou à la plume; mais il n'est pas bien de se former une opinion sur un homme, parce qu'on voit que sa conduite le mène à être assassiné ou détrôné.

Cinq fois L. P. a été assassiné, une fois peut-être il sera détrôné, ou une sixième fois il tombera sous le poignard; cela prouvera tout au plus que les *badauds* du xixe siècle ont cru davantage à la grandeur de M. Thiers qu'à la sienne, comme la bourgeoisie de 91 a préféré Mirabeau à Louis XVI, comme l'Église, par son représentant suprême, a presque sanctifié l'assassin d'Henri IV. — Mais où donc est l'homme plus près que Louis-Philippe de l'avenir pacifique que nous rêvons ? Est-ce que vraiment vous en seriez venu au point de croire que Louis-Philippe a fait des bassesses pour ses fortifications (1) de Paris, en vue de favoriser le

1. Les fortifications, diversement appréciées alors par les feuilles libérales ou démocratiques, étaient destinées à devenir, par la marche fatale des événements, un encouragement à prolonger une campagne désastreuse qui devait aboutir à une paix calamiteuse et aux horreurs de la *Commune*.

rétablissement du règne de *César* sur la terre ? Mais alors, direz-vous, c'est donc pour museler les libertés publiques ? C'est possible ; ou bien pour dominer l'influence toute despotique de notre autocratique et anarchique capitale ? C'est possible encore ; ou bien, enfin, parce qu'il croit ainsi détruire en Europe l'usage napoléonien des invasions par prise de capitale. C'est possible aussi. Mais dans tout cela je ne vois pas une *intention* dont il y ait à lui faire un crime, au contraire ; s'il prend un mauvais moyen, c'est parce qu'une masse flottante, nommée tiers parti, au lieu de lui servir d'arme et de rempart pour atteindre le but qu'il se propose, l'oblige à s'appuyer d'une part sur le préjugé populaire guerrier, de l'autre sur sa propre ruse, pour obtenir au moins le flasque vote de cette pâte mollasse qui tremble d'être pétrie par la main du peuple ou par celle des Cosaques et qu'il voudrait sauver de l'un et des autres, de la *république* et de la *restauration*. C'est à travers ces deux gros nuages qu'on jugera un jour Louis-Philippe, comme on juge Henri IV entre le *protestantisme* et le *catholicisme*.

A vous.

P. E.

CCCXIII^e LETTRE

—

AU GÉNÉRAL SAINT-CYR NUGUES

Alger, 11 mai 1841.

Mon cher Saint-Cyr, je suis arrivé hier ici ; aujourd'hui je me suis présenté chez le général Bugeaud qui déjà hier avait fait dire qu'il ne recevait pas, et chez qui je n'ai pu entrer aujourd'hui ; ses officiers m'ont même dit qu'il ne recevrait pas avant son départ de vendredi pour Mostaganem. J'ai laissé ma carte. J'avais pensé que, selon l'accueil qu'il m'aurait fait, j'aurais pu me décider, soit à l'accompagner dans l'expédition prochaine, soit à prendre toute autre direction que sa conversation m'aurait fait regarder comme bonne. A défaut de cette entrevue que je n'avais pas cherchée à Philippeville ou Constantine, et que je n'ai pu chercher ici que comme le commun des martyrs, j'attendrai que de nouveaux événements ou des ordres me fassent quitter Alger, regrettant toutefois de me trouver ainsi à peu près en dehors du mouvement politique très-important qui s'exécute en ce moment en Algérie. J'ai visité le colonel Bory Saint-Vincent qui m'a demandé si je voulais accompagner l'expédition ; je lui ai répondu que je n'y tenais pas, sans lui dire que le motif était que je n'y étais engagé que par lui et non par le général ; et il a paru plutôt satisfait que mécontent de ma réponse. L'expédition en elle-même ne me sourit d'aucune manière, et je ne l'aurais faite que si le général Bugeaud ou le général Lamoricière m'y avaient engagé, afin d'avoir une bonne occasion de connaître un peu les généraux et les principaux officiers qui les approchent.

D'un autre côté, les journaux prétendent, et c'est un bruit assez public ici, que l'on va s'occuper immédiatement à Bône d'une première tentative de colonisation sur une assez grande échelle ; j'y crois peu, mais si cela est, je regretterai aussi d'y être tout à fait étranger. Enfin on annonce que plusieurs députés, MM. Beaumont, de Corcelles et de Tocqueville, sont ici, sans doute pour étudier la question d'Alger, et ceci doit presser les membres de la Commission qui s'occupent de la politique algérienne de prendre date sinon dans la *publication*, au moins dans la *communication au ministère* du fruit de leurs travaux.

Je reste donc ici et je crois que je m'y occuperai de la rédaction d'un *mémoire* régulier sur l'Algérie, mettant fin à ma correspondance pour Arlès, correspondance sans résultat, si j'en juge par tout ce qui se fait aujourd'hui en Algérie.

J'avais espéré que puisque deux frères du duc d'Orléans étaient ici, et puisque ce prince a paru satisfait de ce que j'ai écrit, j'aurais eu, directement ou indirectement, l'occasion de voir ces deux princes. De ce côté encore je m'étais trompé.

En somme tu vois, mon cher Saint-Cyr, que je suis peu satisfait de ma position; mais je suis ainsi disposé plutôt par un motif général que dans mon intérêt particulier, car je sais fort bien que je suis aussi bien ici que partout ailleurs, si les idées que je me suis formées sur l'Algérie n'ont aucune chance d'être mises en pratique. Si je prends en dégoût mon séjour ici, c'est parce que je ne me sens d'aucune utilité pour y combattre et y faire abandonner des procédés qui me dégoûtent, et parce que mon éloignement même me semblerait une protestation loyale, la seule que je puisse me permettre dans mon infirmité. C'est en partie le motif qui m'a fait quitter Constantine et qui m'a fait balancer si je partirais sans faire ma visite d'adieu au général Négrier, visite que j'ai faite cependant, mais le cœur gros et presque en silence.

Je regrette vivement de n'avoir pas eu depuis très-longtemps de lettres de toi ; j'y aurais puisé non pas de la persévérance, car tu sais que je n'en manque pas pour poursuivre la réalisation des choses que je crois bonnes, mais de l'espoir dans un temps plus opportun pour les faire adopter et les voir appliquer.

Tu dois voir souvent des personnes dégoûtées de l'Algérie, et quoique ce soit en général pour de tout autres motifs que moi, tu m'excuseras de faire nombre avec elles.

Adieu, mon cher Saint-Cyr ; je pense que tu seras bientôt à Curson, mais j'espère avoir encore des nouvelles de toi, de Paris.

Tout à toi,

P. E.

CCCXIV^e LETTRE

—

AU GÉNÉRAL SAINT-CYR NUGUES

Alger, 13 mai 1841.

Mon cher Saint-Cyr, je t'ai écrit hier, jour où devait partir le courrier ; il retarde jusqu'à demain et me donne le moyen de joindre à ma lettre un *post-scriptum*.

J'ai reçu hier matin une invitation pour dîner le soir même chez le général, qui m'a bien accueilli, m'a fait dîner près de lui à une table sans façon, m'a plusieurs fois recommandé de ne pas l'oublier près de toi, enfin m'a presque traité en ancienne connaissance. Il a causé, comme à la tribune, république, journaux et Algérie, c'est-à-dire des trois choses qui sont évidemment ses trois plus vives antipathies, et avec une liberté de parole et un abandon que tu connais et qu'il est difficile d'imaginer. Il connaît parfaitement tous les mauvais côtés de ces trois choses, mais je ne lui ai pas plus entendu dire ce qu'il faudrait faire pour se délivrer des embarras de l'Algérie, que

je ne connais ses moyens de nous délivrer des
journalistes et des républicains; seulement, je
conçois que sa parole ait un double effet, dont je
n'oserais prévoir les conséquences, l'un de dégoûter les hommes qui croiraient, par devoir
ou par intérêt, voire même par sympathie, faire bien
en se consacrant à l'avenir français de l'Algérie,
l'autre d'augmenter le malheureux effet produit
par l'acquittement du journal *la France*.

Avec les dispositions que le général témoigne
très-franchement pour ce pays il n'y a en effet
que deux moyens d'expliquer qu'il ait accepté la
mission qui lui a été donnée de la gouverner:
l'un, et c'est le plus favorable, serait l'unique
ambition d'y conquérir le bâton de maréchal;
l'autre serait de faire, comme gouverneur, ce
qu'il a dit comme député, contrairement à la proclamation dans laquelle il promettait de faire céder sa volonté personnelle devant ce qu'il nom-
mait lui-même la volonté de la France.

Tout ceci ne m'empêche pas de continuer à
croire que, pour l'œuvre militaire qui s'accomplit
en ce moment dans l'Ouest, le choix du général
Bugeaud était le meilleur qu'il fût possible de
faire, précisément parce qu'il sera nécessairement
entraîné à faire avec Abd-el-Kader une seconde

édition du traité de la Tafna, et qu'il le fera pré-
céder de quelque nouvelle victoire de la Sikak.
Je crois toujours qu'une paix où même une trêve
sera la seule chose possible et bonne avec les
Arabes, et que c'est même le seul moyen d'affai-
blir personnellement Abd-el-Kader, qui grandit
aux yeux des Arabes par la guerre, et qui retom-
bera au rang de simple cheick par une paix
prolongée et par une diplomatie habile. Mais je
suis épouvanté, je l'avoue, de tout ce qu'il faudra
de hardiesse au général et au ministère pour
faire accepter en France un pareil résultat.

Quant à l'avenir colonial de l'Est, je n'ai jamais cru, malgré les goûts et les connaissances
agricoles du général Bugeaud, qu'il pût s'en occuper avec zèle tant que la guerre l'absorberait
à l'Ouest et l'empêcherait de connaître cette partie de nos possessions qu'il ne connaît pas, et
qui seule est susceptible de colonisation immé-
diate. Ici je ne suis pas effrayé de l'effet que
produira en France la nullité coloniale de l'Est,
mais je suis effrayé de l'effet qu'elle produira
dans ce pays même, parce que le gouvernement
militaire du général Négrier me paraît propre à
rendre bientôt la province de Constantine aussi
incolonisable que la Mitidjah.

Moi aussi je suis presque arrivé à désespérer de l'Algérie, et pour ainsi dire à désespérer de la France, qui me paraît bien plus menacée par l'abandon de son entreprise africaine que par les sommes énormes et la masse d'hommes que cette conquête lui coûte depuis 1830.

C'est te dire que je désespère encore plus de l'utilité de la Commission et tout particulièrement de la mienne. Je me suis senti du zèle et de l'ardeur, tant que j'ai cru étudier, découvrir et annoncer un avenir heureux pour l'Algérie, mais je me sens peu de goût à prophétiser les désastres et la ruine, et à étudier la route qui conduit à la mort. Tirer en sens contraire d'un mouvement qui m'emporte, me paraît à moi, obscur personnage, un rôle inutile, fatigant et presque ridicule. Je lutterais pour le pouvoir, je te l'ai déjà dit, contre qui que ce soit au monde, et je n'ai nulle envie de bretter contre lui, il fait trop beau jeu à ses adversaires. Tant que j'ai cru à un avenir pour la France dans ce pays, à un avenir mille fois plus glorieux que toutes les boucheries qui s'y commettent; tant que j'ai espéré que l'Algérie pouvait être l'utile diversion de nos débats intérieurs, et le lieu d'essai de grandes œuvres industrielles et d'organisation de travail, j'ai fatigué le prince;

aujourd'hui je dois me taire et ne confier qu'à ton amitié mes pénibles pressentiments; le legs que Charles X a fait à Louis-Philippe ressemble trop à une robe du centaure.

J'écris à Arlès aussi dans ce sens. Si vous jugez, toi et lui, devoir encore faire part au prince de la douloursuse impression que j'éprouve, c'est que vous aurez espoir qu'elle pourra lui faire considérer si, en effet, comme je le crains, on creuse ici la tombe de toute cette belle et noble famille, et s'il ne vaudrait pas mieux ici pour eux «un sage ennemi qu'un imprudent ami.»

Adieu, mon cher Saint-Cyr; je sais que je t'affligerais en t'écrivant ainsi, quoique toi-même tu sois souvent disposé à prévoir les calamités publiques; sois sûr que je suis aussi désireux que toi de m'y opposer, et que j'aurais le même zèle à me dévouer pour en défendre notre pauvre France.

Tout à toi.

P. E.

CCCXV^E LETTRE

—

A ARLÈS

Alger, 13 mai 1841.

Mon cher Arlès, je vous ai écrit le 10, mais le courrier n'est pas parti ; ma lettre était adressée à Paris, je vous adresse celle-ci à Lyon.

J'ai dîné hier chez le général, qui a fort bien accueilli le parent et le recommandé de Saint-Cyr, et pourtant je suis sorti de là plein de tristes pressentiments que je confie aujourd'hui à Saint-Cyr et à vous. Je crois avoir terminé et peut-être dépassé ma tâche auprès du prince ; tant que j'ai espéré, je l'ai fatigué ; aujourd'hui je crains d'être plus que fatigant, d'être importun, car je commence à désespérer.

Je n'avais pas voulu croire à ce que tout le monde déjà me disait des paroles désolantes du Gouverneur sur l'Algérie. J'ai entendu ; et malgré la proclamation d'installation, le général Bugeaud est toujours le député Bugeaud.

Le procès et l'acquittement du journal *la*

France ne pouvaient pas avoir une apparente confirmation plus effrayante pour la dynastie et pour la France.

Le legs de la Restauration en 1830 (l'Algérie), consumera-t-il la dynastie nouvelle?

Le général que l'on veut élever au maréchalat, pour en faire le plus vigoureux soutien du trône, en sera-t-il le plus aveugle et involontaire démolisseur?

Cet imprudent ami est-il plus à craindre que les plus violents ennemis?

Les fortifications de Paris et le maréchal Bugeaud ennemi des républicains et des journaux feront-ils assiéger et renverser la dynastie par les anarchistes et les journalistes?

Tout ceci me paraît aujourd'hui plus que probable, presque certain; je désespère.

M. Thiers a une partie fort belle.

Durant tout ce dîner, le général qui est causeur, comme vous savez, n'a pas cessé de batailler contre ses trois grandes antipathies : la république, les journaux et l'Algérie, signalant assez bién leurs défauts, mais n'indiquant pas qu'il connût la cause de leur influence, et les moyens d'en éviter les dangers ou de profiter des légitimes intérêts que ces trois grandes choses repré-

sentent. C'est de la haine pure et simple ; c'est
une antipathie aveugle qui l'entraîne à se jeter
brutalement, tête baissée, dans les dangers que
renferment ces trois immenses difficultés, sans
songer aux forces prodigieuses qui les défendent.

Et pourtant vous savez que j'ai désiré moi-
même la venue du général Bugeaud en Algérie,
vous savez aussi que j'ai souvent apprécié la vigueur de sa franchise à la tribune ; même à présent je pourrais presque me consoler de ce que
j'entends, puisque je sens au bout de ses paroles
ce que j'ai prévu de lui, un traité ou une trêve avec
Abd-el-Kader, après victoire, une nouvelle Sikak
et une nouvelle Tafna. Mais je tremble, parce que
je ne vois rien, absolument rien de ce qui pourrait
compenser l'impudence d'une aussi audacieuse
répétition.

Je vous l'ai déjà dit, pour faire passer cette
prodigieuse hardiesse, par laquelle on réduirait
la province d'Oran au port d'Oran et la province
d'Alger au massif d'Alger, par laquelle on affai-
blirait réellement Abd-el-Kader en le grandissant
en apparence (car les Arabes de l'Ouest sont loin
d'être préparés à former nation, et la paix sera
moins favorable à Abd-el-Kader que la guerre) ;
pour faire accepter par la France cette espèce de

confirmation de la vérité des lettres attribuées au roi, il faudrait démentir hautement ces lettres par un grand développement colonial du côté de Constantine ; c'est à quoi le général Bugeaud ne peut et ne voudrait pas songer, malgré son goût et ses prétentions en agriculture ; c'est aussi ce que le gouvernement à la turque du général Négrier ne saurait faire ; enfin, je l'avoue, c'est ce que nos avocats des deux Chambres ne peuvent pas comprendre.

Si donc le Gouvernement, les gouverneurs et les Chambres ne veulent pas coloniser l'Est, il ne résultera du passage du général Bugeaud en Algérie qu'une confirmation de cette accusation portée contre le roi, et qui sera renforcée de toutes les pertes et de toutes les dépenses que causeront les campagnes du général. Le *moyen* employé *pour* arriver à l'abandon de l'Algérie paraîtra le plus machiavélique procédé que la politique ait jamais pu concevoir, et les auteurs et instruments de cette politique seront brisés, quand bien même leur *intention* serait vraiment française, quand même ils n'auraient eu d'autre but que de délivrer la France d'une lourde charge.

Je ne me sens plus rien à faire ici. Le général m'a demandé si je voulais faire l'expédition. Cette ouverture, qui m'aurait été agréable si j'avais pu avoir quelque espoir d'avoir accès dans son esprit, ne m'a pas semblé acceptable; j'ai à peu près refusé.

Que ferai-je ici maintenant? — J'attendrai selon ma vieille habitude.

Adieu, mon cher ami; de grandes choses approchent et je voudrais que toutes ces grandes choses fussent de bonnes choses; je crains qu'il n'y en ait beaucoup de mauvaises.

Je vous serre la main.

P. E.

CCCXVI^e LETTRE

A ARLÈS

Alger, 13 juin 1841.

Si c'est une brioche, elle est soignée, mais qui sait si ce n'est pas un coup de maitre? Saint-Cyr est peiné, effrayé, époustouflé de votre locomotive; il n'a pas, comme vous, l'habitude des voyages de 12 lieues à l'heure; il a besoin, presque plus que moi, de connaître vite le résultat de votre audacieuse entreprise; j'avoue que j'en suis moi-même légèrement ému. Ces dames sont aussi dans des transes pénibles, et me répètent pour cette fois ce que je vous disais pour l'envoi de vos lettres par Curson : ça ne va pas. Il est certain que cette fois-ci surtout, puisque vous ne vous *concertiez* pas avec Saint-Cyr, il eût été plus convenable de ne lui rien dire de votre démarche.

Au reste, Saint-Cyr n'est pas trop en colère, puisqu'il dit : « Je ne veux pas présager mal de ce qu'il a fait; s'il réussit, tant mieux ; mais je crains qu'il n'ait gâté ton affaire. »

Je n'ai absolument rien à vous écrire sur l'Algérie ni sur la politique, je suis toujours sur la même préoccupation qu'au courrier dernier.

Adieu donc, cher ami; je ne pense pas que vous ayez vu, dans le discours de Victor Hugo à l'Académie, une réponse à ma lettre; j'aime à croire qu'il ne l'avait pas reçue.

Cette fois-ci j'embrasse toute la famille.

P. E.

14 juin 1841.

Je viens de relire ma lettre et je vois que vous serez embarrassé de deviner d'après elle si je suis content ou mécontent de l'envoi de ma lettre ; c'est tout simple, parce que je ne suis réellement ni l'un ni l'autre, mais tantôt l'un et tantôt l'autre et souvent les deux en même temps, ce qui doit vous faire comprendre l'état fiévreux ou critique dans lequel je me trouve en ce moment.

Le mois de juin a été très-souvent pour moi un grand mois ; malheureusement il me rappelle plus de désappointements que de résultats.

Vidibimus infra, — comme dit Saint-Cyr.

Ce qu'il y a de certain, c'est que cette fois-ci je croyais que vous vous entendriez avec Saint-Cyr, que vous ne feriez rien d'ailleurs tant que vous n'auriez pas la lettre promise par Boismilon, et que ce ne serait pas moi qui demanderais à être rappelé, tandis que maintenant c'est réellement moi, puisque ma lettre est envoyée. Vous avez pensé autrement, Allah Kérim ! J'ai grande foi en Dieu, et aussi foi en vous.

Il vient d'arriver un bateau parti deux jours après celui qui m'a apporté votre lettre de

Curson; mais cette fois-ci il n'y a rien pour moi.

Si le résultat de votre démarche ne vous paraît pas bon d'abord, n'allez pas vous en désoler, soyez certain que j'en tirerai parti. Lorsqu'un de mes désirs ne se réalise pas vous savez fort bien que cela m'indique de suite quel est le nouveau désir que je dois former ; ma vie a toujours été ainsi ; mes insuccès ne m'ont jamais dérouté. Saint-Simon disait : « J'ai eu dans le champ des découvertes l'action de la marée montante ; ma force ascendante l'a toujours emporté sur la force opposée. » J'en dis autant pour moi dans cette grande mer de la vie ; mes désirs ont toujours dominé mes regrets, et je crois que le jour où il n'en sera plus ainsi, c'est que j'aurai accompli ma carrière.

Adieu encore ; — à vous.

P. E.

CCCXVII^E LETTRE

A ARLÈS

Alger, 4 juillet 1841.

Je suis décidément en vacances, mon cher Arlès, quoique je n'aie pas de congé et ne sois pas appelé ; — je ne fais plus rien du tout.

J'ai retrouvé ici Corcelles ; nous nous sommes revus avec plaisir et nous avons parlé de vous : c'est toujours le même homme, en mal d'enfant et n'accouchant jamais ; il a peur d'Arago, il a peur de Michel, il a peur des fourriéristes, il a peur de tous ceux qui projettent et pourtant il ne veut pas du *statu quo*, il sait qu'il y a *quelque chose à faire*.

J'ai votre lettre du 27 juin ; votre vigoureuse boutade contre l'héritage m'a paru fort curieuse, parce que depuis quelque temps je réfléchis beaucoup à cette question, sous le point de vue où vous l'envisagez. Il est donc entendu qu'aussitôt après le premier quine commercial que vous gagnerez, l'agitateur O'Connel sera votre patron. De mon côté, j'attendrai pour cela de gagner un quine politique ou scientifique, mais je n'ai pas encore un extrait. Nous avons donc probablement du temps devant nous, avant de revoir nos amis les prolétaires, et avant de prier Jean Reynaud de recommencer aux Brotteaux sa séance sur la propriété. Je suis curieux de voir comment Michel se tirera de la question à son cours d'économie ; les fourriéristes l'attendent là, et je crois qu'il tournera la difficulté, quoique ce soit certes plus difficile que de l'aborder, mais Michel ne craint pas les difficultés.

A propos du fourriérisme, il prend, ce me semble, quelque consistance, et s'approche assez de son fameux essai pratique. Je m'étonne toujours que le nombre et la quantité des hommes qu'il a acquis ne lui ait pas permis encore de faire cette tentative, ou plutôt je comprends bien que la foi qu'il inspire ne détermine pas d'assez grands *aventuriers* à risquer tout ce qu'ils possèdent dans cette entreprise, à commencer par Considérant et sa belle-mère madame Vigouroux ; quoi qu'il en soit, l'article de la *Presse* qui recommande cet essai me paraît représenter une opinion déjà assez répandue, qui serait favorable à la fondation d'un Phalanstère. Ce sera fort

curieux, et il y aura là bonne occasion pour que
les grands problèmes économiques et moraux
soient repris *théoriquement*, à propos d'un
fait qui les soulèvera tous d'une façon palpitante.
C'est surtout sous le rapport religieux et moral
que ce sera immédiatement très-drôle, car, pour
la question d'héritage, il faudrait plusieurs générations pour juger des inconvénients propres
à la solution de Fourrier, inconvénients d'ailleurs
beaucoup moindres que ceux de la constitution
actuelle de la propriété, puisqu'en définitive il
n'y a pas, dans le Phalanstère, propriété personnelle et directe du sol et de l'habitation, et que
les *capitalistes* sont seulement des *action-
naires*. Sous ce dernier point de vue, la solution
de Fourrier est une escobarderie fort ingénieuse,
ou même un acheminement progressif fort adroit,
auquel je ne donnerais certes pas la main,
mais que je suis bien aise de voir propager et
pratiquer, parce que cela est très-supérieur à la
propriété *foncière* personnelle et directe de nos
jours ; cela correspond même très-bien au but que
nous nous proposions dans le *Producteur* et le
Globe, quand nous traitions de la *mobilisation*
de la propriété et de la baisse progressive de
l'*intérêt des capitaux.* C'est, en un mot, un

procédé lent et bénin pour enfoncer progressivement les hommes qui *possèdent* les ateliers de
travail, ne les *administrant* pas, et n'usant de
leur *droit* que pour *exploiter* les travailleurs.
On leur enlève d'abord la libre disposition de
l'atelier qui devient *lieu commun*, et on leur ôte
même le mérite et la peine de chercher des
locataires et fermiers, et de percevoir directement des loyers et fermages ; on les réduit, en
un mot, à la fonction d'oisifs par excellence, et
l'on met ainsi à nu leur inutilité de frelons dans
la ruche, au moins en leur qualité de capitalistes ;
— la conclusion pratique à en tirer serait alors
si simple, si naturelle et si légitime, que les
plus bêtes la comprendraient, et le *travail* et la
capacité auraient triomphé du *capital*.

Adieu, cher ami, je vous serre la main et
embrasse femme et enfants.

P. E.

CCCXVIIIᵉ LETTRE

—

A ARLÈS

Alger, 11 juillet 1841.

Mon cher Arlès, votre lettre du 3 me fait voir
que vous comptez encore sur moi pour le mois
d'août, ce qui prouve votre persévérance, vertu
rare de nos jours ; je crois que je vous ai dit que
je n'y comptais plus depuis déjà quelques cour-
riers.

J'approuve tout à fait votre résolution *administrative*, parce que vous ne m'avez rien écrit
encore qui puisse me faire regarder votre projet
artistique parisien comme étant fondé sur autre
chose que sur votre très-belle imagination.
J'approuve surtout votre nouveau logement s'il
y a une chambre pour moi quand j'irai vous
voir.

La poste ne m'a pas apporté la brochure de
Vinçard dont vous me parlez.

Bruneau demande un congé de six mois ; ainsi

il est possible que vous le voyez bientôt. Lambert va bien. Vous croyez que vous trouveriez à Paris plus qu'à Lyon à qui *parler* et avec qui *penser;* cela n'est pas sûr; et ce qui me paraît certain c'est que vous ne trouveriez pas plus qu'à Lyon avec qui *agir*, quand le moment d'agir sera venu. Je ne sais pas ce que vous attendez de moi pour écrire à B. M., mais vous avez fort bien fait de ne pas écrire, et *si vous écrivez*, je crois que vous ferez bien de vous en tenir à la demande pure et simple des lettres. Saint-Cyr me propose encore un nouveau moyen de venir à Curson. Ce n'est plus un congé, c'est une permission d'un mois plus impossible à demander et à obtenir qu'un congé ou qu'un rappel. Il est toujours convaincu que vous avez *brioché* en faisant votre assaut. Je doute qu'il y ait, en effet, utilité à le visiter, tant que les choses en seront là — vous ne pourriez pas vous entendre.

Jourdan vous adressera probablement le plus habile négociant du pays, un juif nommé David, qui vous en apprendra plus sur les affaires commerciales d'Algérie en une conversation que vous n'en sauriez en passant votre vie avec tous les administrateurs d'Alger.

Urbain écrit que le catholicisme remue beaucoup; cela ne m'étonne pas et j'en suis enchanté, c'est le moment, et j'en sais gré à la Reine. Lamennais s'est trop pressé de désespérer, ou plutôt son désespoir porte par réaction un fruit meilleur que celui qui poussait sur son *avenir*. La peste cesse au Caire. Lambert n'a pas eu un mort dans son école, Adèle me dit que Rivet habite à Fleury, tout près de Meudon; ainsi quand vous irez voir Rivet, vous pourrez, le dimanche, voir Adèle et Arthur en même temps; d'ici là n'oubliez pas les occasions de faire mes amitiés à Rivet, nous avons souvent parlé de lui avec Corcelles.

Changarnier, Cavaignac, Bedeau même, assure-t-on, rentrent en France; de Mirbeck y arrive aujourd'hui plein d'horreur pour le système Négrier; l'intendance est découragée, et le civil s'attend à recevoir de grandissimes coups de pied. Les colons vendent toujours vin et liqueurs fraîches. Le général Bugeaud est arrivé hier, je ne sais si je pourrai le voir aujourd'hui. Je n'ai encore rien appris de ses succès. — Sa première visite en débarquant a été pour le prince malade, qui va, dit-on, un peu mieux.

Le bras droit du général Bugeaud est ici, le général Baraguay-d'Hilliers.

Tout cela amène de plus en plus vite Lamoricière.

A vous.

P. E.

CCCXIXᵉ LETTRE

AU GÉNÉRAL SAINT-CYR

Alger, 19 juillet 1841.

Mon cher Saint-Cyr, je t'envoie une lettre[1] que j'écris au colonel, avec une note explicative. Le colonel m'a fait aujourd'hui la communication qui provoque cette lettre, il me l'a faite de la manière la plus affectueuse, parce qu'il savait déjà par Ravergie, qui le lui avait très-formellement et même très-brutalement affirmé la veille, que je n'avais écrit dans aucun journal, et que cette dénonciation et ce reproche étaient deux bêtises

---

1. Cette lettre a été insérée dans les *Notices historiques*, volume XI, pages 145 et suivantes.

pour le moins, aussi m'a-t-il demandé de lui écrire
et de ne pas écrire à M. Laurence. Je suis à
peu près certain qu'il n'enverra pas ma lettre ; je
t'en adresse une copie en te priant très-instam-
ment de la faire mettre sous les yeux de M. Laurence.

Je suis toujours très-peiné du silence qu'on
garde à la suite de l'aventureuse démarche
d'Arlès (il s'agissait de la demande d'une réponse
nette adressée par Arlès à M. B. M...[1]). Je
n'ai pas pu encore voir le général, mais je lui ai
fait faire tes compliments par M. Eynard, à qui
j'ai fait visite. Le général a fixé un jour pour ses
réceptions, le mercredi, et je le verrai ainsi à sa
première réunion. — Adieu, mon cher Saint-
Cyr, tout à toi.

P. E.

---

1. Voir les lettres d'Arlès au duc d'Orléans et à M. de
Boismilon, au XIe volume des *Notices historiques*, pages 134
et 135.

CCCXX^e LETTRE

A ARLÈS

Alger, 25 juillet 1841.

Vous terminez votre lettre du 17, cher ami, en me disant que vous croyez que j'ai raison de ne pas me presser de revenir ; la phrase est assez drôle, car je ne connais pas un moyen de revenir, et vous auriez pu m'en dire autant en 1832 ou 33 quand j'étais à Sainte-Pélagie, dont je ne me pressais pas de sortir.

Saint-Cyr n'approuve pas la demande des lettres à B. M. et je ne sais pas, en effet, à quoi elle mène ; tout cela me paraît pécher, parce qu'il y a eu *écriture* là où il ne devait y avoir que *parole*, et comme ni vous ni Saint-Cyr n'êtes à Paris et que le P. ne passe pas à Lyon, tout me semble devoir sommeiller ; ce qu'il y a de certain, c'est que si je ne me presse pas de revenir, on se presse aussi très-peu de vous répondre.

Est-ce que vous n'avez pas lu dans la *Presse*

les deux très-mauvais, mais très-curieux feuil-
letons des 13 et 14 juillet, *le Pouvoir du mari*,
et plusieurs articles fourriéristes signés par *un
inconnu*, où l'on réclame hautement l'essai
gouvernemental d'un Phalanstère? Cela vaut
bien, dans son genre, les discours des évêques
de l'*Univers religieux*. La *France*, l'*Univers
religieux* et la *Presse* sont trois faces intéressantes du journalisme. Rodrigues a sonné un
coup de trompette à ce qu'il paraît dans le vide;
cependant il *y a quelque chose à faire*.

Adieu, j'embrasse la brave femme et je la
prie d'embrasser pour moi toute la petite famille.

Adieu, amis, cet *s* comprend Holstein et
Coralie. — A revoir Dieu sait quand!

P. E.

CCCXXI^e LETTRE

A ARLÈS

2 août 1841.

J'ai, cher ami, votre lettre du 25.

Vous me reparlez encore de donner mes lettres à lire, et je vous réponds encore une fois que je ne sens pas cela. Il y a même là quelque chose qui m'égratigne. Votre persistance est certes de nature à m'y faire réfléchir, et plus j'y réfléchis, plus je trouve que ceci dépasse certaines limites et néglige toutes formes.

Thérèse me dit qu'elle vous a écrit sa répugnance à vous voir écrire à B. M. Je crois qu'elle a raison, et vous l'avez senti aussi puisque vous n'avez pas écrit.

J'ai eu une longue conversation avec le général à son bal du 30, où j'ai pu lui parler un peu de l'Est. Je crois toujours que ce gouverneur-ci ne fera encore rien ; c'est dommage, il y a une étoffe vigoureuse.

J'aurais eu encore une bonne lettre à vous

écrire sur cette conversation, mais je ne m'y sens pas goût. *Cui bono?*

Les *Débats* me semblent jouer un rôle un peu louche ; est-ce qu'ils seraient près de redire : *Malheureuse France! malheureux Roi!*

La *Presse* est seule à la brèche, mais la brèche est bien large.

Il est possible qu'on n'obtienne rien des nègres que par la peur.

J'ai une lettre de Lambert du 4 juillet. Le voyage de Bruneau paraissait renvoyé à 1842 — ils se portent bien.

Adieu donc,

A vous,

P. E.

Je vois que le duc d'Orléans a visité l'établissement de Depouilly.

CCCXXII^E LETTRE

AU GÉNÉRAL SAINT-CYR NUGUES

Alger, 8 août 1841.

Mon cher Saint-Cyr, je n'ai pas répondu à ta
lettre du 22 juillet, parce que j'avais été un peu
souffrant ; j'ai guéri depuis mon indisposition
habituelle ; je suis bien maintenant ; j'ai complété ma guérison par la diète au moyen d'une
petite purgation qui m'a fort bien réussi, et je
crois que me voici pour quelque temps à l'abri
de mon malaise intestinal.

Ces dames me disent que tu as bien voulu
envoyer copie de ma lettre au bureau des affaires
d'Afrique, je t'en remercie, et j'en suis enchanté,
même en regardant comme probable l'envoi que
j'annonçais à ces dames en avoir été fait par le
colonel lui-même le courrier dernier.

Le général est parti hier pour Mostaganem ;
on ignore le motif et l'on fait courir le bruit
d'un abandon d'Abd-el-Kader par les principaux
chefs de tribus. — Nous avions ici la flotte de

l'amiral Hugon (12 vaisseaux) depuis plusieurs jours ; elle est également partie hier, on ignore dans quelle direction. — Un vaisseau anglais croise devant la rade, en espion.

J'ai reçu hier, chez moi, mon vieil ami M. Marion, président du tribunal de Bône, qui compte passer ici avec moi un congé qu'il a obtenu ; j'en profiterai pour terminer avec lui un long travail que nous avons commencé sur la constitution de la propriété dans les tribus arabes et en général sur la manière dont la propriété est et devrait être constituée en Algérie.

Je pense qu'Arlès ne réclamera pas mes lettres, comme il en avait eu d'abord l'intention, et que ce serait en effet une espèce de *rupture* pour le moins inconvenante. Sa démarche m'a déjà mis dans une position fort pénible, qui, je l'espère bien, n'aura pas de suites fâcheuses pour l'avenir, mais qui, dans le présent, me laisse incertain plus que jamais sur la forme à donner à mes travaux sur ce pays.

Ces dames t'auront dit que j'avais eu une assez longue conversation avec le général Bugeaud, le jour de son bal, et j'aurais certainement profité avec plus d'ardeur de son bon accueil, si le silence de Paris ne m'avait pas ôté un peu de mon entrain, de ma confiance, et je dirais presque, de mon courage. J'ai si bien la conviction qu'il ne me convient pas de provoquer et pourchasser l'attention et l'estime des hommes, et que la réserve m'est commandée surtout à l'égard des personnes qui ont *pouvoir*, que je ne peux sortir de cette réserve obligée qu'à condition d'y être pour ainsi dire engagé, encouragé, ou du moins de me sentir appuyé par un *pouvoir* tout à fait supérieur.

Je pense comme toi que maintenant je n'ai plus qu'à attendre la fin régulière de la commission, en occupant le mieux que je pourrai le temps qui nous en sépare et qui est peut-être fort court. J'espère que M. Vallet pourra te dire quelque chose à ce sujet, car il me serait agréable et fort utile de savoir un peu à l'avance l'époque qui sera fixée pour la rentrée, et les intentions de M. Laurence pour cette rentrée. — Nous appellera-t-il à Paris pour convenir avec lui de la rédaction des travaux? ou bien continuera-t-on avec nous ce mode vicieux d'absence complète de direction et d'ensemble?

La politique européenne me paraît bien intéressante en ce moment, malgré une apparence de sommeil que je crois fort trompeuse. L'An-

gleterre va remuer de bien immenses questions
sociales et toucher à des intérêts très-vivaces.
L'Espagne en est à une dictature qui sera aussi
révolutionnaire pour sa constitution intérieure
que celle de Napoléon l'a été pour l'Europe entière. L'Allemagne se prépare à un rôle superbe,
entre la Russie et l'Orient d'une part, et l'Angleterre et l'Occident de l'autre ; serons-nous assez
sages et assez forts pour faire cause commune
et intime avec elle ? Quelle admirable position
que celle de l'ambassadeur de France à Vienne !

Adieu, mon cher Saint-Cyr, je ne projette en
ce moment aucun voyage ; je ne serais allé à
Bone que si le général y était allé ; et encore, et
je ne songe pas du tout à Oran, où je n'irai que
pour dire mon adieu définitif à l'Algérie. Je
t'embrasse de tout mon cœur.

P. E.

CCCXXIII^E LETTRE

—

A ARLÈS

Alger, 28 août 1841.

Ne vous ayant pas écrit le courrier dernier, je profite d'un courrier extraordinaire partant pour Marseille, où il va chercher madame Bugeaud, pour vous dire deux mots en réponse à votre lettre du 21.

Si vous écrivez à B. M. je désire que vous examiniez auparavant très-sérieusement si votre longue hésitation à écrire ne signifie pas qu'il n'y a rien à *écrire*, et que ces choses ne peuvent que se *dire*. C'est mon opinion ; et comme vous n'avez pas pu et ne pouvez pas actuellement aller à Paris, le mieux, selon moi, est de se taire, quoique ce mieux soit fort embêtant. Vous paraissez d'ailleurs tellement jeter le manche après la cognée, que vous n'êtes pas en situation d'esprit et de cœur convenable. — L'insuccès de votre démarche vous peine pour moi plus que de raison, et vous fait quitter trop vite l'espoir dans la ligne suivie, ligne qui n'est pas encore parcourue jusqu'au bout. Votre séparation de la Chambre du commerce, dans l'occasion dont vous me parlez, me prouve que vous *en voulez* de ce qu'on ne vous a pas répondu, tandis que vous devriez simplement vouloir, et vouloir par tous les moyens possibles, qu'on vous réponde et qu'on vous réponde convenablement ; les épines de la route vous ont fait perdre de vue le but, et vous l'ont même tout à fait repoussé du cœur ; et tout cela, je le sais et le sens bien, parce que vous m'aimez et ressentez en vous plus vivement même que moi, l'ennui de cette fausse position.. Quand il vous arrivera de croire à la République ou à Henri V, à la bonne heure, mais jusque-là marchez sans arrêt, sans écart, sans recul et malgré les ronces dans la même route. Si les personnes dont vous me parlez vous embêtent, je ne sais pas trop où sont celles qui ne vous embêteraient pas aujourd'hui, y compris l'estimable directeur des pénitenciers de Marseille, que j'ai beaucoup moins envie de voir et de connaître que ce monsieur qui ne vous répond pas.

Vous avez été désarçonné par votre affection pour moi, et je voudrais vous remettre en selle et d'aplomb, prêt à recevoir encore vingt coups de lance sans broncher.

Maintenant vous avez l'air de bouder et vous boudez réellement ; moi j'ai l'air de bouder et je ne boude pas [1] : il faut ou que vous cessiez de bouder ou que je boude moi-même pour que nous marchions d'accord ; eh bien, je ne bouderai pas, arrangez-vous donc pour faire de même.

Je partirai décidément pour Oran du 6 au 7 septembre. Marion me quittera mardi 31.

Nous voici au 28 août. Il y a juste neuf ans que j'ai été condamné. Je voudrais bien que cette année-ci fût celle de la réhabilitation ; dix ans de travaux forcés, c'est bien honnête.

Il me tarde bien de voir le général Lamoricière ; la partie qu'il joue contre le général Bu-

---

1. Enfantin se sentait trop haut placé dans le monde des intelligences pour en vouloir à ceux qui ne le comprenaient pas aussi bien qu'il l'avait espéré. Il est certain que le silence du secrétaire de l'altesse royale, après des tómoignages réitérés de satisfaction, commença à faire craindre au philosophe que le prince, en qui il avait placé le salut de la France, ne fût pas plus, pour emprunter ses propres expressions, de la *taille des grands entraînés* que de celle des *grands entraîneurs*, et il put, dès lors, se répéter à lui-même ce mot que nous avons déjà lu dans une de ses lettres : *Encore une dynastie noyée !*

geaud avance, et je désire comprendre comment il la gagnera.

Adieu, cher ami, du calme, au nom de Dieu, du calme; je crois qu'avec du calme vous auriez fait il y a déjà deux mois un voyage de trois ou quatre jours de malle-poste sur la route de Paris.

A vous.

P. E.

CCCXXIV^e LETTRE

AU GÉNÉRAL SAINT-CYR NUGUES

Alger, 30 août 1841.

Mon cher Saint-Cyr, il y a assez longtemps que je ne t'ai écrit et je ne veux pas partir d'Alger pour Oran sans le faire. Tu pensais que je ferais bien de rester à Alger ou de retourner, selon l'occasion, dans l'Est, mais j'ai reçu l'ordre d'aller à Oran et d'y rester même trois à quatre mois, et d'ailleurs j'ai fini par com-

prendre que je ne pouvais décidément pas rentrer en France sans connaître ce côté de nos
possessions, malgré le raisonnement assez plau-
sible que je me faisais à moi-même pour m'en
dispenser. Et enfin le mouvement sera certainement bon pour ma santé et me distraira. J'y
mettrai la prudence que tu me recommandes et
que commande ma position de *savant*.

Je suis, comme tu dois le penser, toujours
fort désappointé du résultat de la démarche d'Arlès, surtout parce que mon silence peut, je crois
le l'avoir déjà dit, faire penser que je boude, et
je te demande ton avis sur le moyen d'empêcher
cette fausse opinion de naître dans l'esprit du
Prince, à qui je né puis plus écrire par Arlès.
Je ne crois même pas devoir lui écrire par toi,
ni directement, parce que ce serait renouer, sans
une autorisation nouvelle, devenue indispensable, une correspondance que le silence envers
Arlès me fait un devoir de suspendre jusqu'à
nouvel ordre.

Le général Bugeaud vient de nommer ici une
commission chargée d'examiner la question de la
Constitution de la propriété en Algérie, question fort grave dont je me suis spécialement
occupé. Ma position m'oblige tellement à ne pas

me mettre en avant que je n'ai pas pu songer à demander au général de m'adjoindre à cette commission, et pourtant j'aurais été très-flatté d'être désigné pour en faire partie. Ce n'est pas la première fois que je regrette d'être dans l'obligation de ne pas oser, et d'attendre toujours qu'on me déniche, parce qu'il est possible aussi qu'une extrême réserve en ce sens me soit préjudiciable. Il m'est déjà revenu que plusieurs personnes, dont l'opinion ne me serait pas tout à fait indifférente, disent : Que fait donc M. Enfantin? Est-ce qu'il a vidé son sac? Est-il au bout de son rouleau? Ma tentative de lettre à Blanqui avait pour but d'éviter cet inconvénient, parce qu'elle m'ouvrait une voie que j'aurais pu suivre de temps à autre, et qui concordait parfaitement avec mes lettres destinées au Prince. J'ai rêvé depuis que je pourrais être spécialement appelé à Paris ou du moins qu'il pourrait m'être spécialement demandé des travaux sur divers points de la question coloniale, et, non-seulement cela n'a pas réussi, mais M. Laurence a demandé à d'autres qu'à moi des travaux sur la province de Constantine; enfin je fais avec Marion un ouvrage sur la constitution de la propriété, sans savoir sous quelle forme je le publierai ou à qui je l'adresserai, et voilà qu'une Commission est nommée sous mon nez pour examiner cette question et faire un rapport.

Je rêve donc plus que jamais au moyen que je devrai employer, quand la Commission sera finie pour moi et que je rentrerai en France, pour justifier mon titre et un séjour de deux ans rétribué à 6,000 francs par an, et malgré mes réflexions je reste dans le même embarras, qui ne sera peut-être levé que lorsque j'aurai vu M. Laurence, et peut-être le Prince, si son silence actuel ne signifie pas que cette porte m'est définitivement fermée.

Un de mes collègues, que je t'ai quelquefois nommé, M. Carette, beaucoup plus libre que moi de ses démarches, et plus heureux aussi que moi sans doute dans les bureaux, a trouvé le moyen d'adresser déjà des travaux à l'Académie, et je sais que dans ce moment il s'occupe même d'un mémoire qu'il veut *publier* sur l'organisation de la province de Constantine, quoique ceci soit tout à fait en dehors de sa spécialité dans la Commission (géographie et histoire) et j'ajoute même que ses idées, sous ce rapport, sont une partie de celles que j'ai écrites dans mes lettres communiquées au Prince. Je ne suis nullement

blessé ou jaloux de ce travail, mais je n'en trouve pas moins assez déplaisant qu'il puisse le faire et que je ne doive pas oser me le permettre.

Un autre collègue, M. Babruger, chargé d'archéologie, publie également, en dehors de sa mission comme membre de la Commission, un ouvrage nommé, je crois, *l'Algérie pittoresque*. M. Pélissier, autre collègue, prépare son quatrième volume des *Annales algériennes* et a envoyé à M. Laurence des mémoires qui figureront, dit-on, dans le volume du ministère qui sera distribué cette année aux Chambres. Enfin plusieurs de nos collègues naturalistes ont déjà envoyé aux académies, des notices. Je conçois donc assez que plusieurs personnes disent: M. Enfantin ne fait donc rien? Certes ce n'est pas l'envie qui m'a manqué, et j'ajoute que ce ne sont pas non plus les sujets, les matériaux; c'est la forme à leur donner et la destination qu'ils doivent avoir; c'est surtout parce que j'ai attendu, peut-être à tort et d'une façon exagérée, qu'on me demandât, qu'on m'ordonnât, et que je n'ai pas été assez provocateur, absorbé; il est vrai, comme je l'étais, par la voie que le Prince m'autorisait à prendre, et négligeant un peu trop M. Laurence et le public, qui décidément ne me demandent et ne me demanderont rien, et que je suis forcé moi-même à accepter ce que j'aurais tiré de mon sac.

Je te remercie d'avoir fait parvenir à M. Laurence ma lettre au colonel; j'y ai mis une phrase à laquelle on ne répondra pas selon toute apparence, et où je demandais à être encouragé; il faudra donc que je me décide à puiser mon courage en moi, et à faire œuvre selon ma fantaisie, mais c'est difficile, et j'aurais bien besoin d'en causer longuement avec toi à Curson, avant de prendre une résolution sur les sujets à traiter, sur la forme à donner à mon travail, sur la destination que je dois lui donner. Encore quatre mois d'exil africain, et puis à Curson.

J'ai appris, avec bien de la peine, la perte que tu as faite dans M. Forget.

M. Eynard m'a chargé de ses compliments pour toi, il est parti pour aller chercher Madame Bugeaud à Marseille; le général travaille à un grand ouvrage sur l'Algérie.

Je t'embrasse et vous embrasse tous cinq de tout mon cœur.

P. E.

CCCXXV^E LETTRE

—

A ARLÈS

Alger, 16 août 1841.

C'est presque pour l'acquit de ma conscience que je vous fais payer aujourd'hui 80 centimes de port de lettre.

J'ai la vôtre du 8 août, également consciencieuse.

Le général Bugeaud est de retour; il a fait aussi un voyage consciencieux. On *espère* la soumission d'*une* tribu, et en attendant on nourrit et on défend la moitié de cette tribu. Le colonel m'a donné l'ordre de partir sous quinzaine pour Oran, où il m'a dit que j'aurai besoin de trois à quatre mois pour y faire mes observations. Vous voyez que le retour en octobre est sans fondement et qu'il faut avaler 1841 tout du long. Je partirai donc vers le 1er septembre et j'irai enfin faire connaissance avec le général Lamoricière.

Le colonel m'appelle toujours, dans ses lettres, mon cher *confrère*.

Je lis Lamennais et Buchez, j'ai commencé É. Buret (*Misère des classes laborieuses en France et en Angleterre*), et je vois, par un compte rendu de cet ouvrage, que je dois y trouver, au 2e volume, que je n'ai pas encore un projet très-semblable à ma lettre sur la convocation des états généraux de l'industrie.

Où en sont mes copies de lettres, chez Holstein ?

Pourriez-vous m'envoyer copie de la portion de ma lettre du 24 mai, relative à ma personne? Je ne l'ai pas, et elle est l'occasion d'une assez forte crise pour que je la possède. Voici donc bientôt trois mois que ma plume se rouille.

Les journaux sont bien assommants.

L'affaire de Toulouse est pourtant quelque chose ; la conduite des *Débats* sur cette question le prouve : ils ont hésité, balbutié, girouetté ; ils cherchent de quel côté le vent souffle, tandis que la *Presse* dit de quel côté il *devrait* souffler ; celle-ci cherche le *droit*, les autres flairent joli- ment le *fait*. Si j'étais gouvernement, un demi-tour des *Débats* me ferait plus marcher que tous les cris d'en avant de la *Presse*.

A vous.

P. E.

CCCXXVI^E LETTRE

—

A ARLÈS

Alger, 14 septembre 1841.

Je pars demain, cher ami, sur le *Phare*, bateau du général, et avec lui. Je vais à Mostaganem, d'où, probablement, j'irai visiter Mascara avec l'expédition qui ravitaillera cette ville. J'ai votre lettre du 4. Je vois avec peine que malgré mes très-pressantes sollicitations, à vous deux, avec Holstein, vous avez raté mes copies, et que toutes mes lettres de 1841 sont je ne sais où; j'en suis considérablement vexé, parce qu'il y en a beaucoup dont je n'ai pas moi-même gardé copie, et que d'ailleurs je comptais trouver, en rentrant en France, un travail tout fait, la classification des trois natures de lettres[1] (*Algérie, Orient, Politique générale*) qui m'auraient certainement évité beaucoup de travail; et comme je suis d'ailleurs très-fort d'avis que vous auriez tort de *réclamer* ma correspondance, du moins de la réclamer par lettre, je vois que je n'aurai ces lettres que lorsque j'irai les chercher moi-même.

Vous m'annoncez que vous m'envoyez un mot de Michel : il n'était pas dans votre lettre.

Le général Lamoricière est déjà à Mostaganem.

On continue à faire des bêtises dans la province de Constantine.

Il y a eu ici quelques mesures importantes de prises.

Je ne sais si je vous ai dit que Jourdan surveillait, en ce moment, l'impression d'une lettre de Marion, à moi adressée, sur la constitution de la propriété en Algérie.

Adieu, je travaille fort depuis quelque temps.

J'apprendrai avec un vif intérêt le résulat de

---

1. Enfantin, à sa rentrée en France, retrouva ces lettres et en publia quelques-unes après la Révolution de 1848. Elles sont comprises en entier dans la publication actuelle.

votre visite à Curson. Il paraît que Macker a reçu royalement le duc d'Aumale.

J'embrasse femme et enfants; la main pour moi à Holstein et Coralie. A vous, vieux.

P. E.

CCCXXVII^e LETTRE

—

A ARLÈS

Oran, 11 octobre 1841.

Mon cher Arlès, j'ai votre lettre du 24; vous m'y annoncez que Dufour est sur le chemin de Pétersbourg à Moscou.

Le *Siècle* a dit que Michel avait prononcé un discours *électoral* endormant au chemin de fer d'Alsace, et Michel vous dit pourtant qu'il ne demande *rien;* ceci ne peut se concilier qu'autant que la députation ne serait *rien;* c'est possible. Quant à moi, je trouve que la Chambre des députés est plutôt zéro que le camp de Compiègne; j'aimerais mieux m'appuyer sur des

baïonnettes que sur de creuses paroles et je
compterais plus, même aujourd'hui, sur l'honneur des militaires que sur celui des avocats,
et même sur les lumières du soldat que sur
celles du garde national. Ce n'est ni dans la
presse, ni dans le jury, ni dans la garde-natio-
nale, ni dans les Chambres que sont la force et
la raison, puisque, c'est tout cela qui tombe et
meurt en ce moment.

J'ai voyagé avec les deux Cavaignac : le colonel et le républicain, ce qui ne m'a pas rendu
plus républicain qu'à l'ordinaire ; mais j'ai eu
plaisir à connaître ces deux frères, dont la ten-
dresse réciproque est touchante, et qui sont
tous deux fort bons à connaître, il y a du cœur. Je
suis, comme à Constantine, dans l'ancien palais
des Beys, appartement des *femmes*, occupé par
le conseil de guerre et l'artillerie. Les Espagnols
ont fait ici du grandiose ; nous y faisons du petit, du mesquin, du provisoire ; leurs forts sont
bâtis comme les pyramides, nos casernes sont
de grandes baraques de bois qui ressemblent à
de longs cercueils, et où, en effet, nos soldats
meurent et s'enterrent. Oran est très-pittoresque,
entourée de rochers nus, brûlés et d'un sable
blanc qui grille les paupières, dominée par des

forts bâtis en l'air comme des nids d'aigle ; la ville est traversée par des ravins remplis de jardins d'une végétation admirable, qui coupent des quartiers en amphithéâtre, de sorte que de mille points on domine ce spectacle toujours un et toujours varié. La mer, toujours assez douce dans ce grand golfe, n'a pourtant établi son port qu'à une heure d'Oran, mais d'une façon splendide. Mers-el-Kebir est un superbe mouillage, et la route que nous avons faite pour le joindre à Oran est au moins une assez belle chose.

Je quitterai quand l'expédition reviendra. Les eaux d'Oran sont, dit-on, comme celles de la Seine ; j'en éprouve déjà l'influence, et mon ventre est trop respectable pour que je me permette de plaisanter avec lui.

Adieu, ami ; je suis malingre et triste.

P. E.

CCCXXVIII⁰ LETTRE

A ARLÈS

Mers-el-Kébir, 20 octobre 1841.

Mon cher Arlès, je m'embarque dimanche pour Port-Vendres, sur le bateau-hôpital *le Cerbère.* Enfin !

J'espère que la mer et le contentement de quitter l'Algérie et de rentrer en France, me guériront vite ; je suis pourtant assez pris.

J'ai votre lettre contenant celle de Charles.

Adieu donc et à revoir.

P. E.

CCCXXIX^e LETTRE

A ARLÈS

Curson, 14 décembre 1841.

Cher ami, après vous avoir écrit beaucoup de
lettres pathétiques étant bien portant, je viens
vous parler beaucoup homœopathie étant malade;
c'est naturel et c'est même ainsi que je peux
m'expliquer mon long silence avec vous sur un
sujet qui vous touche si fort et qui est d'ailleurs
d'une importance fort générale, puisqu'il est,
par rapport à Esculape, à Hippocrate et à toute
la Faculté qui descend de ces grands génies, ce
que notre politique est à celle du passé. C'est
surtout de ce point de vue que je vous engage à
traiter l'allopathie, comme nous avons traité et
traitons même encore le christianisme, et ceci
est d'autant plus juste que l'allopathie est un
reflet très-net de la doctrine de la mortification
de la chair et de la théorie de sa souffrance terrestre. Ne trouvez donc pas étonnant que je me
livre même (outre le conseil *expérimental et pra-*

tique que je vous donne) à des *raisonnements* et *discussions* théoriques, quand bien même mes longues lettres vous paraîtraient peu concluantes pour votre conviction *personnelle*. Il s'agit, en effet, de découvrir le meilleur moyen de réaliser, pour le bien-être de l'*humanité,* une doctrine et une pratique médicales que vous croyez, pour les malades, aussi juste et aussi puissante que notre foi politique pour les bien portants. Vous croyez que les efforts individuels de quelques apôtres dévoués de l'homœopathie et leurs miracles dans le petit cercle de leurs connaissances sont suffisants pour atteindre ce résultat; je ne le pense pas; je crois qu'il vous faut aussi faire l'apostolat *princier*, que le moment en est venu et que vous devez chercher à convertir irrésistiblement les princes et rois de la vieille médecine. Si vous aviez cette pensée, comme je l'ai et comme vous l'avez en politique, vous feriez ce que je fais moi-même en examinant les germes de politique nouvelle qui fermentent dans la société et qui sont, pour la plupart, enfouis dans un fumier révolutionnaire. La *haine* de l'allopathie et j'ajoute l'*ignorance* des sciences médicales telles qu'elles sont encore au xixe siècle, est, soyez-en sûr, ce qui domine dans la *généralité* des hommes qui se sont voués à l'homœopathie, comme la haine du christianisme et l'ignorance de la science sociale chrétienne ont dominé et dominent encore la *masse* des hommes qui ont le plus vite reçu le germe de l'avenir. Vous savez que dans son temps de prosélytisme individuel, le saint-simonisme n'a pu convertir ni un vrai catholique ni un vrai légitimiste, et je dirai même que l'homœopathie n'a pas encore converti un vrai médecin de la vieille roche. Vous savez aussi que je n'ai jamais pu détruire entièrement les racines révolutionnaires qui enveloppaient le cœur de Bazard, de Dugied, de Leroux, de Reynaud et de tant d'autres, ni le judaïsme de Rodrigues, tenace comme tout ce qui caractérise les races opprimées. Aujourd'hui les républicains, communistes, etc., ont pris une partie des *prédications* de Laurent et de Reynaud et ne se doutaient pas de celles de Barrault et de Transon ; et si Michel est aux *Débats*, c'est précisément parce que, à l'École polytechnique, il allait encore à confesse et communiait ; et si vous-même vous n'êtes pas dans la république ou à peu près, je crois vraiment que c'est en très-grande partie parce que vous m'aimez bien. Vous êtes homme d'ordre, sans contredit, mais vous

avez aussi le cœur et l'esprit passablement révolutionnaires ; vous ne craignez pas le jeu du roi
détrôné, et dès que vous voyez ce qui vous semble devoir être mieux que ce qui est, vous voudriez assez chaudement que ce mieux fût et que
ce moins bien ne fût plus. Voilà du moins ce que
vous êtes à l'égard de l'allopathie ; vous êtes sinon
révolutionnaire, au moins *protestant*. Il faut que
vous soyez mieux que cela.

L'allopathie est sur le trône, un trône vermoulu tant que vous voudrez, mais pas plus
vermoulu que celui de Louis-Philippe et des
autres rois de la terre ; elle est aussi solide
que le pape, et je vous assure que c'est beaucoup
dire.

Nous ne pouvons pas faire que la société soit
prête aujourd'hui pour s'organiser saint-simo-
niennement ; aussi personne de nous ne fait-il
plus un saint-simonisme typique d'apostolat,
mais nous cherchons les moyens de faire marcher, avec le moins de désordre possible, la
société vers cette organisation, et pour cela nous
voudrions imposer à quelques agents puissants
de cette marche, non pas l'amour du but com-
plet que nous désirons, ce serait trop beau,
mais au moins l'envie de quelques-unes des

mesures qui nous paraissent le plus capables de conduire le peuple vers ce but.

Adieu; je vous embrasse.

P. E.

CCCXXX^e LETTRE

A ARLÈS

Curson, 16 février 1842.

Mon cher ami, la tapisserie et la santé vont de mieux en mieux; j'ai fait enfin hier ma première course à Romans. Je serai donc bientôt en mesure de visiter convenablement vos terres, votre vignoble en herbe, votre bois de haute futaie (car, si je ne me trompe, vous avez deux arbres) et vos belles eaux. Pourvu que vous n'y fassiez pas bâtir un château en *fontaine de belle eau*, je crois que votre grande résolution est bonne et qu'elle a un sens qui répond à votre âge, à votre position et surtout à votre besoin de calmer votre goût pour le jeu du roi détrôné.

Ainsi dans votre dernier voyage à Paris, je crois que vous vous êtes laissé dominer par le mal de cœur, et que vous avez, en conséquence, tantôt réagi trop fort contre les nausées, et tantôt fui comme un peureux les occasions où vous supposiez qu'il y aurait nausées. Cela vous a contraint à faire, d'une part, des boutades d'opposition et, de l'autre, du silence ou à peu près. Pourtant, non-seulement, comme vous le dites, en fermant les yeux on est étourdi de la marche du monde, mais en les ouvrant on aperçoit les petits fils qui le font mouvoir, et qui, quelque petits qu'ils soient relativement à d'autres époques de *fil de fer*, sont très-déliés et fort nombreux ; il y en a même quelques-uns de soie, quoique la plus grande quantité soient en coton. En deux mots, vous n'êtes pas arrivé *calme* à Paris et vous en êtes reparti plus agacé encore. Plantez donc vite, voilà le moment, plantez à force et outre mesure, on est toujours à temps d'arracher ; mais je vous demande de ne rien arrêter pour la bâtisse avant que nous ayons visité ensemble votre acquisition. J'attends toujours les deux mémoires de Charles et serai bien aise de les lire.

Les nouvelles d'Angleterre sont fort intéres-

santes, et quoiqu'il s'agisse bientôt d'un détrône-
ment, celui de la noblesse propriétaire, j'espère
qu'il s'opérera pacifiquement. Vous avez vu par
Peel quel abus on peut faire des chiffres des
statisticiens politiques ; ceux de Bowring ont
servi à appuyer plusieurs grosses absurdités. De
ce que la *moyenne* de consommation en Angleterre est plus élevée qu'en France, peut-on en
conclure que la classe pauvre de France est plus
misérable que la classe pauvre d'Angleterre ?
Évidemment non. — La consommation *moyenne*
n'indique pas plus la consommation du *pauvre*
qu'elle n'indique celle de *Rothschild* ou celle de
Peel lui-même. Le paupérisme est un fait anglais
comme la richesse excessive des lords et des
évêques est un fait anglais, et ce sont ces deux
faits qui sont la cause de tout le mouvement social qui s'opère en Angleterre depuis notre grande
révolution française ; la loi des céréales est la
grande occasion où ces deux faits se trouvent le
mieux en présence, mais ils y sont toujours,
même dans des circonstances où ils n'apparais-
sent pas si évidemment, et l'avantage de la discussion actuelle, c'est qu'elle substitue à une
vieille classification politique qui n'a plus de sens,
celle des *wighs* et des *torys*, une chose plus

claire et plus nette : les *pauvres* et les *riches*. Or, c'est là tout le problème social, et le christianisme le savait bien, mais sa solution a fait son temps. Toutes les institutions sociales doivent avoir pour but l'amélioration ; vous savez le reste. Je compte aller visiter Macker demain.

Quoi que vous disiez de votre salon-serre chaude, je crois qu'il fait encore trop froid pour prendre mon vol sur le Rhône, où la bise souffle fort ; au reste, je ne suis pas encore tout à fait assez sûr de moi.

La mort du pauvre Fabreguette est bien triste et a dû faire une vive peine à Holstein. C'était un bon garçon.

Combes n'est pas encore arrivé ; j'attends avec impatience les lettres qu'il m'apporte de Lambert.

Je n'ai pas reçu les *Débats* du vendredi 11, où était le discours de M. Jars. Joignez-le aux deux mémoires de Charles, s'ils ne sont pas déjà partis.

Le discours de Lamartine est fort beau comme parole, mais à côté de la question, ou du moins, il dit bien à la Chambre qu'elle est une je ne sais quoi, mais il ne lui dit pas ce qu'il faudrait faire pour qu'elle fût quelque chose de propre ; en effet, il n'y a rien à dire, une Chambre sera toujours une Chambre.

Je n'ai pas encore remis la main au travail de plume, et je ne me suis plus autant pressé. Vous avez vu que Laurence avait été détrôné ; j'ignore encore qui lui succède et ce qui en adviendra pour la Commission scientifique.

Les nouvelles d'Algérie toujours aussi mauvaises, quant à la politique qu'on paraît vouloir suivre dans l'Ouest, et nulles quant à Constantine.

Marion m'a enfin écrit et m'annonce qu'il va m'envoyer sa *lettre* par prochain courrier ; je l'attends et vous l'enverrai de suite. Il compte aussi sur un congé pour le printemps ; vous aurez plaisir à faire sa connaissance.

Adieu à vous, amitiés à tous.

F. P.

Ces dames me chargent de choses affectueuses pour vous et Madame Arlès ; elles regrettent votre acquisition, parce qu'elles prétendent que cela diminue les chances de voir à Curson votre famille, qui est fort aimée.

CCCXXXI^E LETTRE

A ARLÈS

Curson, 29 mars 1842.

Mon cher ami, quoique ce soit un travail assez fameux pour un malade tel que moi, j'ai consacré mon lundi de Pâques, qui est, vous le savez, un grand anniversaire pour moi (entrée à Ménilmontant le jour de l'enterrement de ma mère, en 1832, il y a dix ans ! et acquittement en cour d'assises, en 1833) à copier ma lettre écrite au roi, il y a juste *cinq ans*.

Dans l'impossibilité où je suis de continuer et achever mon travail sur l'Algérie, que j'avais tant de hâte de présenter au prince, il m'a semblé que cette vieillerie, oubliée depuis cinq ans, avait encore toute sa nouveauté ; et puisque M. Fain nous a fait dire, à l'époque où il l'a présentée lui-même, que le roi ne l'avait pas lue et s'était borné à se montrer satisfait de ce que cette lettre était, d'après ce que lui disait M. Fain, un témoignage de reconnaissance, j'ai pensé que vous trouveriez peut-être, comme moi, qu'elle était bonne à mettre aujourd'hui, après cette espèce de proscription de cinq ans, sous les yeux de M. le duc d'Orléans. Voyez vous-même et faites comme vous croirez convenable.

Je désirerais aussi que vous remissiez à M. Boismilon une autre vieillerie, ma lettre sur l'Allemagne. Pour celle-ci, il jugera lui-même s'il la croit digne d'être remise au prince.

Voici donc dix ans d'accomplis depuis que le monde m'a repoussé et que je me suis éloigné de lui, et cinq depuis ma première tentative pour me rapprocher de lui. J'espérais que cette année mon travail d'Algérie me rendrait mon droit de bourgeoisie ; la maladie ne me permet plus d'y compter pour cette année, et vraiment, à voir combien mes rêves d'il y a cinq et sept ans sont encore des *nouveautés*, je crois que la maladie n'est venue que pour m'empêcher de dire sur l'Algérie des choses qu'on aurait trouvées beaucoup trop nouvelles. Peut-être quand j'aurai été un peu plus fatigué et vieilli par la maladie, aurai-je des idées moins neuves, ou bien peut-être mes idées le paraîtront-elles moins ; j'aime mieux espérer cette seconde forme de rapprochement avec les idées du monde qui vieillit lui-même et doit se fatiguer furieusement de sa longue maladie, qui ressemble bien à la mienne ; car *dyssenterie chronique*, si je ne me trompe, vient de *sang*, *intestins* et *temps*, et il y a longtemps que nos luttes intestines sont dégoûtantes et sanglantes.

Adieu, cher ami ; tout à vous.

P. E.

Je vous avais bien dit que Cousin serait bientôt entraîné à faire un nouveau catéchisme et à célébrer une messe nouvelle servie par Jouffroy et Damiron ; voici Monseigneur de Chartres (non pas duc, mais évêque de Chartres) qui lui met l'épée sous les reins, et quoique les *Débats* pensent que lorsqu'on reconnaît l'*immortalité de l'âme* et l'*existence de Dieu-Raison* (ce que reconnaissait parfaitement l'excellent M. de Robespierre), le catholicisme n'a plus rien à dire et ne saurait se plaindre, je me réjouis de voir un prêtre qui ait assez de courage pour forcer la philosophie à prouver leur prétendue orthodoxie. Ces discussions-là valent mille fois plus que celles sur la réforme autocratique, et je sais gré aux *Débats* de ne pas les étouffer ; la lutte contre la vieille foi catholique et l'éclectisme est prête, les choses finissent comme elles commencent, la vieillesse et l'enfance se ressemblent, nos *conciles* parlementaires ressemblent parfaitement aux *parlements* d'Alexandrie ; les néoplatoniciens de nos jours, comme ceux d'alors, sont entre deux selles, entre la foi qui meurt et qui ressuscite, entre l'esprit et la chair aspirant à une nouvelle loi d'unité, d'union, de religion ; mais il faut tout dire, le clergé actuel ressemble furieusement aussi aux *sépulcres blanchis* de l'Évangile ou au clergé politique et sans foi de Julien l'Apostat, qui croyait aussi la religion bonne *pour le peuple*, comme le pensent nos seigneurs les bourgeois qui voudraient que leurs cuisinières craignissent l'enfer.

P. E.

CCCXXXII^E LETTRE

—

A ARLÈS

Curson, 1er avril 1842,

Cher ami, gardez par-devers vous la copie de ma lettre au roi, quand bien même ce que je vais vous dire à ce sujet modifierait votre pensée.

En écoutant Saint-Cyr lui parler de moi, l'impression qu'en éprouve le prince se rend assez bien par cette phrase de lui, à peu près textuelle: *Je suis tout disposé à appuyer la demande que ferait M. Enfantin d'une sous-préfecture.* D'un autre côté, en recevant votre dernière communication, il y a bientôt un an, il ne vous a pas répondu, et depuis, rien n'est venu témoigner qu'il désirât vous entendre. Lequel vaut le mieux de sa phrase ou de son silence? Dieu le sait; quant à moi, je n'en sais rien du tout ; mais si vous aviez envoyé ma lettre au roi et que c'eût été l'occasion pour que le prince envoyât promener très-positivement vous et moi, je ne sais pas non plus si ce serait un mal ou un bien, mais cela me semblerait au moins plus net que la *sous-préfecture* et le *silence*; on me traiterait comme un conseiller ennuyeux et présomptueux, mais enfin comme un *conseiller*, et je crois que j'aurais beau modifier mes formes et me faire aimable, je serai et dois être *conseilleur* tant que je ne suis pas *priseur*. Je fais la leçon, c'est évident, et je m'expose à me faire dire : « Docteur, vous m'embêtez » ; mais êtes-vous bien certain qu'on doive me dire autre chose? Lorsque, depuis cinq ans, on m'a dit : *commission scientifique* et depuis deux ans *sous-préfecture*, il y a chance pour qu'on me dise bientôt : *bibliothécaire de Bone ou d'Oran* ou *allumeur de réverbères à Paris*, et alors peut-être vaut-il mieux qu'on me dise franchement: *Vous m'ennuyez*, ce sera en parfaite harmonie avec ma position. Quand je vous ai dit souvent qu'il fallait épuiser jusqu'au bout la route princière, par vous et par Saint-Cyr, je n'ai pas du tout entendu affirmer qu'au bout de ces deux hameçons, Saint-Cyr et vous, je pêcherais un prince plutôt qu'un goujon ; j'ai voulu dire seulement que je *devais* tâter s'il y avait dans la mare parlementaire un poisson royal égaré, ou s'il n'y avait que des asticots ; et pour cela vous sentez bien que je ne dois pas me borner à pendre à mes hameçons seulement de ce que mangent les asticots, mais de la vigoureuse pâture de brochet. Rappelez-vous donc le second vers du fameux distique que je vous ai déjà cité : « Les femmes font les mœurs, les hommes font les lois... » Si nous n'avons que des Bourbons, il est évident qu'ils seront em-bourbés ; mais il faut voir s'ils ne sont que Bour-bons et pour cela ne pas leur donner seulement la nourriture des Bourbons, qu'en style de cour on appelle miel, confitures, douceurs, flatteries, flagorneries, mais jamais conseil hardi et vé-rité[1].

En un mot, je suis docteur, et je tiens à ce qu'on me trouve tel envers et contre, mais aussi *pour* tous, et je vous recommande, quand vous irez à Paris et si vous y voyez le prince, de me présenter toujours comme tel, dussiez-vous, devant lui, blâmer, critiquer ma forme doctorale, parce que je ne vois aucune forme qui ne paraisse plus convenable à mon *passé*, à mon *présent* et *surtout* à mon *avenir*.

Toutefois, plus ma lettre est une leçon, plus

1. La déception d'Enfantin, au sujet du duc d'Orléans, ren-ferme un avertissement qui a son utilité actuelle.

vous sentez que Boismilon ne saurait être intermédiaire utile. La seule chose qui m'ait paru à discuter dans ce projet d'envoi, c'est même *votre* intermédiaire, et il est possible, en effet, que j'aie manqué là à ma prétention au doctorat, puisqu'en définitive, j'ai pris conseil de vous. Aussi est-ce là-dessus que votre hésitation nous fera réfléchir vous et moi.

Je ne sais si vous aurez envoyé ma leçon à Rivet et ma leçon à Michel; quant à vous, recevez encore celle que je me permets de vous donner aujourd'hui, ainsi que l'accusation que je porte contre vous dans la lettre incluse pour Duveyrier, que je vous envoie ouverte pour que vous preniez connaissance de cette accusation et que vous l'adressiez à Charles avec votre défense ou vos excuses.

Je regrette beaucoup la perte de ma leçon à Hugo; si vous pouviez la rattraper quand vous serez à Paris, cela me fera bien plaisir. Alors aussi vous pourrez remettre à Boismilon ma leçon à Heine; vous voyez bien que tout cela c'est *leçons*.

Je vous réponds que si je parviens à faire mon travail sur l'Algérie, ce sera encore, d'un bout à l'autre, une *leçon*.

Pourquoi avez-vous voulu écrire au prince ? est-ce que par hasard vous auriez voulu aussi lui faire une leçon ? Il n'y avait qu'une enveloppe avec ces mots : *De la part d'Arlès Dufour, à S. A. R. Monseigneur;* et dedans, ma copie et la lettre que je vous écrivais. Quant à Boismilon, vous lui adressiez le paquet au prince, *cacheté,* en lui disant qu'il contenait une lettre écrite par moi, au roi, il y a cinq ans ; et les deux brochures pour qu'il en remette une au prince s'il jugeait qu'elle pût l'intéresser. Il me semble que si les phrases ne sont pas venues, c'est qu'en effet vous n'en deviez pas faire du tout.

Je reçois avec grande joie la nouvelle que vous me donnez de votre venue pour le mariage de la fille de Macker ; nous avons besoin de nous voir ; nous ne nous entendons pas assez parfaitement depuis que les malheureuses pilules infinitésimales se sont placées entre vous et moi. Sous ce rapport, elles sont évidemment d'une grande puissance, mais je ne leur ai jamais refusé la puissance d'imagination, la puissance morale, en bien comme en mal, et toutes mes leçons sur ce sujet ont bien ce caractère de justice à leur égard. Vous m'appelez Maître, et Marion me donne aussi ce nom ; c'est qu'en effet, c'est bien celui qui m'est dû, comme je devrais avoir celui de Père de ceux qui m'entouraient à Ménilmontant. Il est possible que j'y substitue un jour celui de *sous-préfet* (je ne le crois pas trop), mais aujourd'hui, je vous le dis encore, je suis bien le *docteur*, le plus docteur et par conséquent le plus tourmentaut qui existe au monde et le plus tourmenté.

La santé continue à aller un peu mieux depuis plusieurs jours ; la chaleur y a certainement beaucoup contribué ; aussi j'attends mai avec un grand espoir : Joli mois de mai, quand reviendras-tu ?

Adieu, cher ami. Tout à vous.

P. E.

CCCXXXIIIᵉ LETTRE

—

A ARLÈS

Curson, avril 1842.

Mon cher ami, voici ce que je répondrais,

à votre place, à la proposition de candidature :

« Messieurs, je suis très-sensible à l'honneur que vous me faites, en me demandant de me présenter comme candidat aux élections prochaines, et en m'offrant l'appui de vos suffrages; ce témoignage de confiance me fait un devoir de vous dire franchement les motifs de mon éloignement à briguer la députation.

« J'ai la profonde conviction que l'époque actuelle est parfaitement analogue à celles qui ont séparé le Directoire du Consulat et de l'Empire, l'Empire de la Restauration et la Restauration du régime politique et social de 1830. Si j'avais eu, à la fin du Directoire, l'âge que j'ai aujourd'hui, je me serais probablement enrôlé, malgré mon âge, dans les armées de la République; j'aurais fait les campagnes d'Italie et d'Égypte, mais je ne me serais pas engagé dans les débris de la *Montagne* ou de la *Gironde*. De même, si en 1812, après la bataille de Moscou, en 1813 après celle de Leipzick, j'avais été ce que je suis, époux et père d'une nombreuse famille, j'aurais probablement appelé de tous mes vœux, sur la France, un régime de *paix* et une légitime réaction contre plusieurs des exagérations et proscriptions des *doctrines* du xviiie siècle; je ne me serais pas fait soldat et n'aurais pas brigué une sous-prefecture ou une préfecture de l'Empire, probablement je me serais fait *doctrinaire*, sous l'illustre patronage politique, historique et philosophique de MM. Royer-Collard, et Guizot et Cousin, et j'aurais essayé avec eux, ainsi qu'avec MM. Lainé, Châteaubriant et Villèle, à défaut d'une idée nette sur l'avenir, une conciliation (impossible il est vrai, mais dont la pensée était un noble et utile désir) entre le passé antérieur à 89 représenté par le retour des Bourbons, et le passé postérieur à 89 représenté par les illustrations déjà vieilles de la Révolution et de l'Empire. Enfin, si vers la fin de la Restauration j'avais eu l'expérience et la position que mon travail m'a faites aujourd'hui, sans doute alors j'aurais accepté avec bonheur l'offre que vous me faites, prévoyant que le moment approchait où les représentants de la nation devraient employer fermeté et courage à garantir de ses excès une réaction devenue inévitable contre un passé qui ne voulait rien oublier et rien apprendre, mais certainement alors, je n'aurais pas eu la moindre idée de me faire affilier aux Carbonari ou à la Congrégation.

« Ces trois phases successives, de durée à peu près égale, par lesquelles la France a passé depuis sa grande révolution, ont eu pour principal effet de détruire par la *hache,* par *l'épée* et par la *presse,* tous les obstacles que notre vieille organisation sociale opposait à la nouvelle organisation que réclame l'avenir et que Dieu réserve à l'humanité, et chacune d'elles, après avoir accompli cette tâche spéciale, n'a plus été un objet d'affection et un but pour les cœurs généreux et les esprits élevés.

« Une quatrième phase s'est ouverte en 1830, réaction légitime contre l'aveuglement de la Restauration. Elle a dû toutefois être maintenue dans les bornes que toute réaction est naturellement disposée à dépasser, et je le répête, la puissance, l'omnipotence de la *tribune*, pour accomplir cette œuvre de modération, pour engourdir et calmer la fièvre des trois jours, par douze années de paroles intarissables, en un mot, le système si bien nommé *parlementaire,* a complété d'une part la ruine de toute espèce de foi à un retour quelconque de l'une des formes du passé, c'est-à-dire à une *restauration,* ou bien à un *régime militaire,* ou bien encore à la *terreur;* les vieux Bourbons, Napoléon et la République ont perdu à tout jamais leur cause ; et d'une autre part, la paix dont nous jouissons depuis bientôt trente ans a développé et fait grandir les vigoureux germes d'une société toute nouvelle qui cherche à se constituer et dont l'organisation, la fondation est la tâche d'un avenir très-prochain, je pourrais presque dire du présent.

« Si donc je n'avais pas le bonheur d'être, en ce moment, citoyen de la première ville industrielle de France, si je n'avais pas l'honneur d'être membre de la Chambre de commerce et du conseil de la Banque de la cité la plus industrieuse, je chercherais, au prix de tous mes efforts, à mériter cette adoption qui m'est si chère et ces distinctions dont je suis fier, car j'ai la ferme conviction que c'est dans cette position que je dois être pour rendre aujourd'hui et être prêt à rendre plus tard à Lyon, à la France et, pourquoi ne le dirais-je pas ? à l'humanité entière, tous les services que je peux leur rendre.

« Oui, Messieurs, l'industrie est aujourd'hui à l'égard de notre prochain avenir, ce qu'étaient à l'égard du glorieux empire de Napoléon les armées déguenillées et indisciplinées du Directoire. Nous aussi nous portons, dans nos sacs d'ouvriers, des bâtons de maréchaux de la France pacifique et industrielle qui demande aussi la gloire ; l'industrie est aujourd'hui ce qu'étaient, à l'égard de la Restauration, les philosophes et écrivains que Napoléon traitait d'idéologues, comme Royer-Collard, qu'il chassait ou repoussait comme Mme de Staël et Chateaubriand, et qui bientôt, par leurs disciples, devaient chasser de France, à leur tour, ces rois ramenés par un congrès de rois et par un million de soldats, les chasser par la puissance de a presse et par la main de quelques ouvriers imprimeurs.

« Enfin l'industrie de nos jours est, à l'égard de notre prochain avenir, ce qu'étaient sous la Restauration ces jeunes avocats et professeurs s'exerçant merveilleusement à la parole, ces nobles ou riches jeunes hommes de loisir qui, n'ayant plus une guerre d'épée à faire et dédaignant la robe et la plume un peu usées ou profanées sous la Restauration, ont voulu briller aussi dans les tournois de la *tribune.* Soyez-en sûrs, Messieurs, l'industrie renferme pour un avenir prochain les Thiers, Guizot, Villemain, Dupin, Berryer, Cousin, O. Barrot, Duchâtel,

Teste, Martin, Mauguin, Arago, Jouffroy, Dufaure, Sauzet (tous avocats ou professeurs), qui doivent présider à l'organisation industrielle et agricole de la France, c'est-à-dire réaliser enfin ce que le demi-siècle écoulé depuis la démolition de notre vieil édifice nous permet de construire sur le sol renouvelé de notre chère patrie, pour son bien-être et pour sa gloire, et aussi pour l'enseignement du monde entier.

« Mais, Messieurs, cette profession de foi serait mal comprise si elle vous laissait sur ma pensée un doute que je veux me hâter de rendre impossible.

« Malgré cette analogie que j'ai cherché à établir entre notre époque et trois époques qui l'ont précédée, ai-je besoin de dire d'abord que le 18 Brumaire était tout autre chose que l'invasion de 1814 et de 1815 et que les trois journées de Juillet, et, par conséquent, que le rapprochement que j'ai fait de ces diverses époques n'implique pas l'idée que j'attends pour la nôtre le despotisme d'un homme commandant aux baïonnettes françaises, ou celui des rois étrangers et de leurs armées, ou enfin celui de l'émeute populaire et des barricades.

« Et, en effet, Messieurs, il ne s'agit plus

aujourd'hui d'une révolution, car tout est détruit, rien ne fait plus obstacle à l'avenir; c'est une simple évolution qu'il nous faut; il ne nous reste plus qu'à sortir de cette espèce de halte, assez bien qualifiée déjà, pour entrer d'un pas prudent, mais ferme et prompt, dans une voie où nous sommes appelés, où nous posons déjà un pied et dont le symbole, vraiment merveilleux, se montre clairement dans l'importance que notre politique actuelle reconnaît sous la parole même des avocats, professeurs ou hommes de loisir dont je viens de parler, à la grande question des communications entre les hommes par les *chemins de fer et la vapeur*.

« Messieurs, pour *discuter* et discuter publiquement de pareilles questions, aussi bien que celles des sucres, des douanes et de la colonisation d'Alger, on peut, à la rigueur, n'être qu'orateur et être étranger à la pratique de l'industrie, mais pour les *réaliser* ce serait, *ce sera* impossible. Et que sera-ce donc lorsqu'à ces grandes questions viendra se joindre nécessairement cette autre question capitale, en l'absence de laquelle les autres ne sauraient recevoir, sans les plus graves dangers, une solution pratique, je veux dire quand se présentera imminente cette belle et noble question politique et sociale que notre siècle est appelé à résoudre, l'ORGANISATION DU TRAVAIL, l'organisation du peuple, de celui des campagnes comme de celui des villes, du peuple qui n'a aujourd'hui pour remplacer sa coûteuse protection et l'humiliant patronage de ses anciens maîtres (mais enfin protection et patronage) qu'une surveillance de haute et de basse police, interposée entre la haine et la défiance de l'ouvrier, et la crainte de l'égoïsme des maîtres?

« Tout est détruit, vous dis-je; il ne s'agit plus de révolutions; et j'ajoute même, tout est prêt. L'histoire vous présente-t-elle un roi plus ami de la paix et du travail que celui qui nous gouverne? Connaissez-vous, parmi les hommes étrangers à votre ville, étrangers même par les fonctions qu'ils remplissent aux travaux de l'industrie, en connaissez-vous un seul qui vous ait parlé de vos besoins, de vos espérances, de vos intérêts, avec plus de lumières et plus de zèle que le Prince qui est appelé à succéder au trône? D'un autre côté, n'êtes-vous pas frappés de la lassitude et du dégoût qu'excitent de plus en plus les intrigues de portefeuilles, les conspirations ou coalitions de dynasties, les émeutes de

république et, j'ose le dire, les jongleries électorales? Et de même que la presse, malgré ses
mille voix, n'a plus un organe qui puisse se
comparer à la puissance du *Constitutionnel*
sous la Restauration, ne sentez-vous pas que,
de la tribune, il ne tombe plus une seule parole
qui remue le cœur ou attache l'esprit, et qu'on
est las d'entendre toujours *parler* et de ne rien
faire?

« Messieurs, je ne vous ai pas donné, pour
cause de mon refus, l'excuse banale du soin de
mes affaires personnelles, vous savez assez qu'il
me serait possible, facile même, de subordonner, de sacrifier mes intérêts à un *devoir public* auquel je me sentirais appelé, et pourtant
je dois ajouter qu'à la manière dont le temps est
employé dans les fonctions législatives, d'après
l'importance qu'on y donne à des discussions
qui sont à mes yeux sans valeur et souvent dé-
sastreuses, et, au contraire, la légèreté qu'on
apporte à presque toutes celles que je crois lar-
ges et fécondes, mais surtout en songeant que
la plus grande partie des fonctions du député
consiste à suivre, dans les ministères des intérêts individuels qui sont, même pour lui, des
nécessités et presque des promesses électorales,

je ne subordonnerais pas l'intérêt de ma famille
à un pareil rôle qui ne convient évidemment
qu'aux personnes qui ont le loisir de ne rien
faire pour vivre, ou bien à celles qui cherchent à
avancer leur carrière par la députation, tandis
que je ne peux la soutenir et l'améliorer que par
mon travail au milieu de tous.

« Si, comme je l'espère, vous partagez mon
espoir dans la venue prochaine de cette politique
industrielle, organisatrice du travail, éducatrice
d'un peuple qui veut être aussi glorieux de sa
puissance créatrice qu'il l'a été de sa force guer-
rière, peut-être que frappés aussi, comme moi,
de tous les éléments de ce nouvel ordre de choses qui se font jour à travers le tissu usé du
régime parlementaire, vous ne comprendrez pas
que je refuse d'essayer moi-même d'y pratiquer
une ouverture sur l'avenir ; mais, messieurs, à
chacun son œuvre, je n'aime pas à déchirer
même les vieilles étoffes, j'aime mieux en faire
de nouvelles : j'attends qu'on soit prêt à monter le métier, soyez sûr qu'alors je ne manque-
rai pas à l'œuvre.

« En résumé, sous le Directoire je me serais
fait soldat ; à la fin de l'Empire j'aurais voulu
être écrivain et même journaliste ; à la fin de la

Restauration je me serais efforcé d'être orateur ou député, parce qu'à chacune de ces époques les hommes qui *allaient* exercer une puissante influence sur les destinées de la France étaient, pour l'Empire des *militaires,* pour la Restauration des *publicistes,* pour le régime parlementaire de 1830 des *orateurs;* aujourd'hui, je le répète, si je n'étais pas négociant, membre de la Chambre de commerce et du conseil de la banque de Lyon, je m'efforcerais de le devenir, mais je ne chercherais pas la députation. »

Toujours à vous et aux vôtres, cher ami.

P. E.

CCCXXXIV^e LETTRE

AU GÉNÉRAL SAINT-CYR NUGUES.

Curson, 18 avril 1842.

Mon cher Saint-Cyr, je t'ai longuement parlé l'autre jour de la question du port d'Alger; aujourd'hui les *Débats* annoncent que le ministère adopte le plan Poirel. Cette annonce du maréchal Soult à la commission, dans ce moment, si près de la discussion soulevée par Thiers, me paraît heureuse au fond et très malheureuse dans la forme. Non-seulement il eût mieux valu que la détermination ministérielle eût été prise avant provocation par l'opposition, mais si elle avait été prise dès la présentation du budget, on n'aurait traité cette question dans la presse qu'au moment du débat du budget, tandis qu'on va s'en emparer, dès à présent, et, je le crains, avec un grand avantage, contre le ministère qui n'arrivera aux débats, pour soutenir le projet Poirel, qu'avec des arguments éventés et minés d'avance.

Le projet Poirel, si l'on entend par là celui que Poirel faisait exécuter jusqu'en 1840, est en effet insoutenable, il a été justement et unanimement condamné par toutes les personnes compétentes; aussi je crois bien qu'on entend aujourd'hui par ce nom l'ancien projet *rectifié*, au moyen d'un coude pratiqué dans la direction de la jetée principale, coude qui, d'ailleurs, est exécuté depuis 1840; mais, même en supposant que ce soit là l'interprétation à donner au mot projet Poirel, il faut remarquer que le projet

Raffineau (qui conserve d'ailleurs cette jetée coudée) a eu l'approbation du conseil des ponts et chaussées, de celui dela marine, et même d'une commission mixte. Il en résulte que ce n'est donc pas la question *d'art* que le ministère peut se proposer de défendre, mais la question *politique ;* c'est-à-dire : faut-il que les travaux soient faits *en vue d'un port militaire de premier ordre,* ou bien en vue d'un assez grand port *commercial,* pouvant recevoir *quelques* vaisseaux de guerre et encore pas avec tous les temps et tous les vents? Si la question était résolue en faveur de la première hypothèse, le projet Poirel serait absurde, le projet Raffineau serait seul proposable, et il est beau, et il a l'avantage de pouvoir être accompli successivement et de pouvoir être arrêté, limité, là où l'on voudra, sans aucun inconvénient sous le rapport de l'art. Si, au contraire, c'est la seconde hypothèse qui prévaut, toujours est-il que les partisans du projet Raffineau pourront dire que le projet Poirel enchaîne l'avenir et force à renoncer pour toujours à un port de premier ordre *militaire* à Alger, tandis que le projet Raffineau (réduit à ses proportions *commerciales*) produirait, avec les mêmes dépenses, le même résultat que le projet Poirel, et *n'enchaînerait pas l'avenir.*

Ceci se réduira donc, pour l'opposition, à ces termes : les Anglais vous forcent à renoncer *pour jamais* à un port militaire de premier ordre à Alger ; et cette forme d'argumentation a une immense puissance sur les innombrables badauds politiques.

C'est donc, comme je te le disais l'autre jour, et comme cela ressort évidemment de l'attaque Thiers, la *reconnaissance* de notre libre et entière souveraineté de l'Algérie qui est dissimulée sous cette question du port d'Alger. Or, tant qu'on n'osera pas dire hautement qu'on prétend être *reconnu,* et agir conformément à cette prétention, c'est-à-dire exclure d'Algérie, ne pas y reconnaître ceux qui ne veulent pas nous y reconnaître, on sera dans la plus pénible impasse qu'un gouvernement puisse rencontrer pour tout ce qui sera relatif à l'Algérie, y compris même la guerre contre Abd-el-Kader, mais surtout pour tout ce qui serait de nature à nous y *établir.*

Moi qui adopterais le projet Poirel rectifié, *précisément* parce qu'il ne se prête pas à l'établissement actuel ni même futur d'un port militaire de premier ordre à Alger, et qui ne crois pas bon qu'en présence de toutes les éventualités que réserve l'avenir à la race africaine ou à tout autre peuple qui nous succéderait à Alger, les Français fassent les frais d'un port militaire de plus dans la Méditerranée, là où, même avec un très-mauvais port, on a eu des pirates pendant des siècles, je ne pourrais probablement pas émettre cette opinion à la Chambre sans me faire bafouer ; et pourtant il n'y a absolument que ce motif *ou la crainte de déplaire à messieurs les Anglais* qui puisse faire préférer Poirel à Raffineau.

Le ministère se place donc, selon moi, dans une position intenable. Vis-à-vis des Chambres il ne pouvait logiquement, raisonnablement, présenter que le projet Raffineau, *réduit pour le moment* aux proportions *commerciales* et ne devait pas se charger du poids écrasant du projet Poirel qui laisse si beau jeu à la *blague patriotique*. Et vis-à-vis du cabinet anglais lui-même, l'adoption de ce projet Raffineau, *réduit, pour le moment*, était, ce me semble, une mesure digne, sans hostilité, une preuve de liberté et de volonté que nous pouvons certes bien nous permettre, dans un moment où les

Anglais ont plus à redouter que jamais une rupture avec nous. C'était d'ailleurs l'occasion de leur dire ce qu'il faudra bien finir par leur dire : si vous n'êtes pas contents de notre manière *indépendante* d'agir à Alger, n'y venez pas. La question des exequaturs consulaires est une vraie comédie qui se résout en une horrible tragédie, car c'est la *seule cause* de la durée si prolongée de la résistance arabe. Si tu croyais que ces réflexions et celles que je t'ai déjà adressées fussent bonnes à être mises sous les yeux du Prince[1], Nugues pourrait t'en faire une copie où je te prierais de corriger ce que le style libre d'une lettre très-rapide a dû garder d'incorrect.

Adieu, mon cher Saint-Cyr; je t'embrasse bien content de te devoir, en si grande partie, un vrai retour à la santé.

P. E.

---

1. On voit que la singularité de la bienveillance témoignée au novateur par le duc d'Orléans ne décourageait pas Enfantin dans l'exercice de son *doctorat* et qu'il était bien résolu à *pousser jusqu'au bout l'apostolat princier.*

CCCXXXV^E LETTRE

—

A ARLES

Curson, 21 avril 1842.

Je vous le disais bien avant-hier, cher ami, voici les *Débats* qui consacrent leurs quatre roues de devant, vraies roues à la Marlborough, à la police du roulage, pour tancer la futilité de cette puérile Chambre des députés (dans laquelle Michel veut entrer), où l'on attache plus d'importance aux blocs de béton du port d'Alger qu'aux jantes et aux moyeux des roues de charretier. D'un autre côté, il est vrai, ce journal nous annonce que le général Bugeaud fait campagne dans la boue, la neige et la pluie, et qu'en une journée cent hommes sont aux cacolets avec la fièvre et la dyssenterie, mais la race chevaline de M. de la Moskowa est bien plus intéressante que ça, et c'est niaiserie de tourmenter le ministère pour qu'il nous fasse enfin reconnaître par messieurs les Anglais comme maîtres de l'Algérie, afin

que le sultan et même Abd-el-Kader cessent de
conserver un espoir qui est la première et presque la seule cause de nos campagnes meur-
trières.

Est-ce que ce serait à la pairie, et non à la
députation, que Michel voudrait arriver? Les
notables de 1842 qui lui offrent leurs voix ne
sont pas ceux de 1822; ceux d'aujourd'hui,
quoique et parce qu'ils aiment les chemins de
fer, pourraient bien passer vite, comme ceux
de 1822 ont passé, quoique et parce que la messe
que ceux-ci aimaient beaucoup pour se prélas-
ser, comme les bourgeois de nos jours aiment
les rails pour n'être pas cahotés en allant flâner
à cette Chambre futile où l'on parle bloc; ces
messieurs détestent les ornières et ils ont raison, et ils aiment les chevaux de course du
Jockey-Club et de cavalerie légère, c'est naturel,
ils sont jockeys et hussards; mais, par Dieu! ce
n'est pas là de la POLITIQUE *industrielle*, quoi
qu'en disent les *Débats*.

*Toutes les institutions sociales doivent
avoir pour but l'amélioration du sort de la
classe la plus pauvre et la plus nombreuse,*
— d'où *résultera* l'amélioration du sort des
notables eux-mêmes, lesquels notables feraient

et appliqueraient ces institutions. — Voici la base de la politique industrielle, et la politique des chemins de fer n'est industrielle qu'à rebrousse-poil, qu'en mettant la charrue avant les bœufs, comme font tous les bourgeois qui veulent se donner un air de laboureur.

Le *programme* des chemins de fer est certainement une excellente chose, comme indication du réseau auquel doivent aboutir les *chemins vicinaux,* mais même quand on ne savait pas ce que c'était que la politique industrielle, on a toujours *fait* les chemins vicinaux *avant* les grandes routes, on a toujours commencé par communiquer de Paris à Saint-Denis, avant de songer à aller de Paris à Pékin ou même de Paris à Lyon. La politique industrielle actuelle, surtout dans Michel, n'est que de la politique théorique, politique d'ingénieur de cabinet et non d'industriel agricole ou manufacturier, c'est-à-dire de l'immense majorité de la nation. C'est juste ce que pouvait *comprendre* le bourgeois touriste qui ne serait pas fâché d'aller faire un tour de promenade à Pékin, quand même ses fermiers, qui payeraient le voyage, pataugeraient dans la boue, pour aller au marché quéter des écus pour milord.

C'est là cette contre-marche que fera certainement M... quand il voudra faire la politique industrielle *pratique*, mais qu'il doit préparer, car il est enfoncé jusqu'à l'essieu dans la théorie d'industrie bourgeoise qui, évidemment, est une transition aussi passagère que la messe de la Restauration et les épaulettes des notables de Napoléon qui traitaient nos notables *actuels* de pékins, et les notables *futurs* de manants et de rustres.

La réponse de M... à mes observations sur son Autriche est tout à fait une remontrance de *Gros-Jean* à son curé; car, si je ne me trompe, j'ai quelque peu contribué à légitimer, en particulier aux yeux de M... les moyens termes, le juste milieu entre les deux formes extrêmes de *l'absolu* chez l'homme, et j'avais même quelque peine, parce que la nature de M... est un peu *absolue*, en ce sens qu'il allait à la messe sous la Restauration, qu'il est aux *Débats* actuellement, qu'il a rêvé le rôle du Berthier d'un Napoléon pacifique, et qu'enfin il confessait être partisan *exclusif* de la *raison d'État*. Je n'ai pas attendu l'opinion de M... pour émettre la mienne sur la haute valeur d'un homme comme le prince de Met-

ternich et sur la noble et touchante beauté de
'Autriche, calme et harmonique au milieu des
discordances du monde. Et si je parle de Napoléon, de Charlemagne, de Pierre le Grand,
de Constantin, c'est parce que je me place,
comme prétend le faire M... dans le *présent*, et
même dans le présent français, et que toujours
l'histoire nous montre que, dans un présent qui
était sale, désordonné, avili, mensonger, les
hommes *quelque peu forts en politique* ont
désiré, prophétisé, appelé un homme fort qui
balayàt les ordures, instituàt l'autorité, rendît
à l'homme sa noblesse, au gouvernement la
franchise, la loyauté, la dignité. Or, le présent est-il ce que je viens de dire? Toute la
question est là : monter au ministère sur des
blocs de béton ou à la députation sur un wa-
gon du Mans, passer par le *Constitutionnel*
ou par les *Débats*, c'est le rôle des hommes
qui dans ces *présents* dégoûtants sont amants
absolus du présent, et qui ne songent ni au
passé ni à l'avenir; voilà tout ce que j'ai voulu
dire dans mes observations sur l'Autriche de M...

Quant à la querelle sur *croire* et *obéir*,
M... dit, en effet, dans son écrit, que le gouvernement autrichien est affectueux *et* affec-

tionné, c'est même mieux dit que dans sa lettre où il vous écrit qu'il est aimé des populations *parce qu'il* les aime; la conjonctive et même copulative *et* vaut mieux que le disjonctif rationnel *parce que,* qui d'ailleurs me semble tout à fait faux pour le cas autrichien. L'Autrichien aime parce qu'il est aimant; c'est un pléonasme, si vous voulez, mais l'autre forme présente une idée contraire à la nature allemande et qui serait plus aplicable à la nature française; indépendamment de ces observations grammaticales, je maintiens que l'écrit de M.... porte l'empreinte, sinon absolue, du moins très-prononcée, de la nécessité de *croire* et *d'obéir,* et cela est tout naturel dans un partisan *exclusif* de la *raison d'état;* il ferait même des efforts inutiles pour donner à sa pensée et à son style une autre forme; mais puisqu'il a su dire luimême quelle était sa nature, il doit trouver tout simple qu'on le dise après lui, surtout quand on le savait déjà fort bien avant qu'il l'eût dit.

J'ai vu avec plaisir l'attaque contre le général Négrier et le kaïd Ali; mais il y a encore loin de là à savoir ce qu'on doit faire dans cette belle province de Constantine! la prise d'El Bar-

Kani par Lamoricière est aussi une excellente chose ; c'est cet homme-là qui *finira* l'affaire d'Abd-el-Kader et qui en aura la gloire, quoique sans Bugeaud tout serait encore allé à la diable comme devant.

Je crains de ne pas avoir été assez clair dans ma boutade sur le *programme* des chemins de fer ; j'y reviens. Puisque les jantes et les roues sont nobles choses, j'ai bien pu me permettre de parler des chemins vicinaux, en regard du fameux réseau, dont le devis (le simple petit devis) est d'au moins un milliard, mais je ne voudrais pas qu'on pût en conclure que je me fais l'avocat absolu du vicinal contre l'avocat absolu de la ceinture de fer du *globe*; avec calembourg. Saint-Simon disait que, maintenant que les dimensions de la planète étaient connues, le premier travail de politique *théorique* industrielle à faire était le *plan* des travaux à entreprendre pour améliorer le plus rapidement possible le sort moral, physique et intellectuel de la classe la plus nombreuse et la plus pauvre. Je suis donc très-partisan du *plan* du réseau ; voici pour une disposition *théorique* qui n'est pas absolue. Quant à ma disposition *pratique*, qui n'est pas absolue non plus, je suis épouvanté de l'audace de ces Joseph II qui veulent changer, en quelques années, tout notre système de grande communication, bouleverser les postes, le matériel des voitures, des équipages, la richesse des villes et celle des campagnes, les rapports politiques et moraux des provinces, des localités, et qui croient ne faire que de l'eau de guimauve à l'usage des lavements parlementaires.

Vienne la *pratique* et vous m'en direz des nouvelles. Déjà même, quand ce n'est qu'un projet, une théorie, vous voyez ce que développe d'intrigues et d'obstacles cette grande *révolution ;* que sera-ce quand on mettra la main à l'œuvre? Il y aura là, je vous en réponds, de furieux blocs de béton qui tomberont sur la tête des révolutionnaires, d'autant plus que tous ces révolutionnaires sont bonnes gens qui veulent *contenter tout le monde et leurs électeurs.*

Vous allez dire que me voici devenu bien conservateur, moi qui prêche Constantin, Charlemagne et Pierre le Grand; pas du tout, j'aime, au contraire, beaucoup le mouvement, mais je l'aime *ordonné, d'ensemble,* et non exagéré sur un seul point du corps social, tandis

que les autres sont dans le repos ou qui pis est
dans l'apathie, le malaise, la maladie, la gan-
grène. Absorber toute la politique dans la machine à vapeur et ce qui y tient immédiatement,
c'est de l'absolutisme, mais un absolutisme
étroit, par conséquent éphémère et, par conséquent aussi, impraticable. S'absorber dans les
chemins de fer, c'est encore plus étroit que la
spécialité machine à vapeur, et tous les révolutionnaires spéciaux, y compris Joseph II aussi
bien que Robespierre et même Napoléon, n'ont
pas *fondé* et sont même rudement tombés,
soit dans leur propre personne, soit dans leurs
œuvres.

Réduire la politique industrielle au réseau, ce
n'est pas de la politique, c'est une prétention
exagérée d'ingénieur, et voilà pourquoi j'ai dit
que M... devrait se rappeler qu'il a autre chose
en lui que des rails et qu'il n'est pas seulement
ingénieur, pas plus que la France est un canevas
à grandes routes seulement.

Mais tout le monde n'est pas Charlemagne,
dit M..., je le sais fort bien : à chacun sa capacité, et qui trop embrasse mal étreint, c'est
connu ; je le répète, M... n'est pas seulement
ingénieur, il n'est même, sous ce rapport,

qu'ingénieur théorique, et n'a jamais conduit de travaux, ce qui le réduirait à un rôle fort étroit, s'il n'éveillait pas en lui les autres facultés de son être, engourdies depuis dix ans par le prodigieux exercice qu'il a donné à sa faculté d'ingénieur théorique, faculté qui a aujourd'hui accompli et parachevé sa mission, puisque les chemins de fer sont passés dans le domaine *public* et arrivent dans la *pratique.*

Voilà pourquoi j'ai blâmé son économie politique *bourgeoise* et non *générale*, sa participation trop prolongée au journal des *notables bourgeois,* qui ne sont que des notables d'un jour, sans passé et sans avenir, coterie comme celle des sans-culottes, des sabreurs de Napoléon et des jésuites de la Restauration. Et voyez en effet, M... dit : le pays est dégoûté du gâchis de la politique parlementaire; et je veux entrer au Parlement; et d'un autre côté, cependant, il dit aussi, que lorsqu'une idée s'accrédite et se généralise et acquiert un grand nombre de suffrages, cela lui donne du poids. Eh bien, si le pays est dégoûté de la politique parlementaire, pourquoi M... ne dit-il pas lui-même qu'il en est dégoûté? croit-il qu'il sera mieux placé à la Chambre pour dire à cette Chambre :

Je suis venu ici pour vous déclarer que vous me dégoûtez, au lieu de lui dire tout bonnement, de chez lui : Je ne veux pas entrer chez vous, car vous me dégoûtez! Si M... pouvait croire, et je le désirerais pour lui, qu'il y a des moments où la plus grande *habileté* des hommes politiques consiste à dire *franchement* ce qu'ils pensent, comme il prétend d'ailleurs être un homme du *présent*, un homme *pratique*, je pense qu'il sentirait assez promptement, pourvu qu'on l'aidât à y réfléchir, que ce dont on est dégoûté par-dessus tout, *dans ce moment*, c'est du mensonge, de la jonglerie, des intrigues électorales ou ministérielles, du jésuitisme grossier des hommes politiques. Alors la Chambre qui a, il est vrai, été jusqu'ici la pente qui a mené aux affaires les jongleurs, ne lui paraîtrait pas pouvoir être la pente qui mènera aux affaires les successeurs de ces jongleurs, pas plus que la Convention n'a mené aux pouvoirs de l'Empire et que l'armée de Napoléon n'a produit Chateaubriand, Villèle, Richelieu, et que la Restauration n'a enfanté Périer et Thiers, à moins qu'on n'appelle enfants les parricides. D'un autre côté, dira M..., voyez Talleyrand, mon patron, n'est-il pas monté par toutes les pentes? Oui, sans doute, mais aussi il a toujours *changé* à temps. Or, c'est là, selon moi, ce que doit faire M..., homme du présent; il doit changer et passer de la planche pourrie à la planche neuve, du navire *bourgeois* qui sombre au navire *industriel* qui va fendre les flots, de la *coterie* au *peuple*. Qu'il ne le fasse pas *aujourd'hui* même, je le conçois, qu'il entre même auparavant à la Chambre, passe encore; peut-être faut-il, en effet, qu'il puisse fouler aux pieds cette couronne menteuse et sale après l'avoir portée lui-même; mais l'heure approche, j'ai dû l'en avertir et répéter mon avertissement. Adieu, à vous.

P. E.

CCCXXXVI^e LETTRE

—

A ARLÈS

Curson, 13 juillet 1842.

Cher ami, j'ai fini hier mon travail et j'ai lu de suite celui de Charles; je vous le reporterai ces jours-ci. Dites-lui en attendant, pour répondre à ses deux questions, que le livre me paraît devoir être publié sans nom d'auteur : pareille chose ne se signe pas ; et que si elle doit être publiée (et je le crois), elle doit l'être *tout de suite*, sans s'inquiéter de telle ou telle concordance de date.

Je n'ai trouvé qu'un chapitre qui me paraisse tout à refaire, c'est celui de l'opium. J'ai mis en note au crayon et vous pouvez lui transmettre ceci : *Tu parles de l'opium, sinon comme un aveugle des couleurs, au moins comme un musulman parlerait de l'eau-de-vie, et comme de Maistre parlait de Voltaire. L'opium n'est pas plus dangereux que l'esprit-de-vin, que la philosophie du XVIIIe siècle, que le gouvernement parlementaire. La traite est comme l'opium, il ne s'agit pas seulement de la supprimer, il faut tout remplacer, afin de civiliser l'Afrique et de communier avec la race noire, et il faut aussi communier avec la race jaune de Chine; c'est là l'important de la question. Les mots de crimes et d'empoisonnement sont des exagérations d'opposition anglaise, dans lesquelles Barrault et toi donnez à fond, toi par excès de bonté. C'est une farce de croire que des* peuples dépensent des millions pour s'empoisonner. Le petit verre d'eau-de-vie donne la mort, le café est un poison lent. La Russie prohibe le national, et l'empereur Paul chassait tous les Français comme des empoisonneurs. Et pourtant notre poison révolutionnaire, réduit en dose convenable, circule aujourd'hui même en Russie.

L'ouvrage me paraît bon, très-bon, non qu'il me paraisse devoir atteindre le but apparent (vous jugerez par ma dernière phrase approbative qu'en effet, telle n'est pas ma pensée), mais parce que le but apparent forcera à lire d'excellentes choses.

J'ai marqué, en outre, quelques erreurs ou oublis. La partie indicatrice des travaux du nouveau règne est faible.

Si le roi abdique, il y aura bien d'autres hommes qui devront abdiquer. Si les *affaires* succèdent à la politique, il y a bien des formes politiques auxquelles il faudra faire succéder des formes d'affaires. Le seul exemple bien donné par Charles, c'est celui d'une *école de diplomatie;* mais il y a écoles en tous genres *d'affaires*, à créer, car il n'y a aucune école *administrative*, même pour les corps qui ont des écoles, tels que le clergé, la justice, les travaux publics, la marine, la guerre et *à fortiori* pour l'administration proprement dite , c'est-à-dire l'intérieur et les finances.

Je vais à Tain où je fermerai ma lettre après avoir vu Macker à Saint-Georges et d'où je vous dirai probablement le jour où j'irai vous voir.

Adieu.

P. E.

Je partirai samedi matin par le bateau, ainsi j'arriverai à 5 ou 6 heures ; dites-moi vite si un autre jour vous arrangerait mieux, j'aurai votre réponse vendredi.

Macker va bien et vous fait ses amitiés.

A revoir donc bientôt.

P. E.

CORRESPONDANCE
PHILOSOPHIQUE ET RELIGIEUSE

DE 1843 À 1845,

Publiée en 1847 par ENFANTIN,

AVEC UNE NOTE EXTRAITE DE SON LIVRE :

LA COLONISATION DE L'ALGÉRIE,

SUR LA

CONCORDANCE DES RÉVOLUTIONS INTELLECTUELLES
ET DES RÉVOLUTIONS POLITIQUES

———

NOTE

Les révolutions intellectuelles qui accompagnent les révolutions politiques sont assez curieuses à examiner.

Vers 1780, après avoir démoli l'Église et la Sorbonne, le culte et la théologie, l'*Académie française*, où, si l'on veut, les *littérateurs* régnaient despotiquement sur les esprits ; dès qu'ils se furent associé des *mathématiciens*, la puissance spirituelle tendit à se déplacer. D'Alembert et Condorcet éclairèrent la fin de ce règne, dont Voltaire et Rousseau avaient illuminé le commencement.

Après 1793, l'*Académie des sciences* prend le sceptre ; les *mathématiciens* et *physiciens* remplacent les *littérateurs*. Monge, Fourcroy, Berthollet, Carnot, Laplace, Chaptal, Delambre, Lagrange, règnent dans le royaume de l'intelligence et sont aussi de hauts dignitaires de l'Empire. En même temps, Napoléon, membre de l'Institut, classe de *mécanique*, étouffe au berceau les enfants légitimes de la philosophie du XVIIIe siècle, et inscrit sur leur tombe toute fraîche creusée ce stigmate : *Idéologues !* Peu après, il refuse à Chateaubriand l'entrée de l'Académie française, chasse de France madame de Staël, et traite de conspirateurs Royer-Collard et Lainé. Enfin, la *mécanique* céleste et terrestre semble pour toujours posséder l'Empire, lorsque de nouveaux savants, qui ne s'occupent pas des *nombres*, des *corps* et de *mécanisme*, mais de l'*organisme* des *êtres vivants*, s'emparent du sceptre à leur tour. Bichat et Lamarck, reprenant Cabanis, ouvrent la voie à Cuvier et Geoffroy Saint-Hilaire, et ceux-ci ensevelissent l'*Académie des sciences physiques et mathématiques*.

A côté d'eux, et en dehors des Académies, les *organisateurs* naissent de toutes parts : les uns, *publicistes*, tels que Maistre, de Bonald, madame de Staël, Lamennais, Montlosier, recherchent l'*organisme des sociétés* et renversent les autels des dieux de l'Olympe du xviiie siècle ; les autres, *métaphysiciens*, tels que Royer-Collard, Laromiguière, Cousin et Jouffroy, analysent l'*organisme* de la *pensée* et brisent le joug étroit et pesant des *mécaniciens* de l'Empire. Mais vers 1830, publicistes et métaphysiciens s'associent des *journalistes* ; dès lors le *Drapeau blanc* et le *Globe*, derniers signes de leur puissance, s'effacent devant la révolution de Juillet, et bientôt est fondée l'*Académie des sciences morales et politiques*.

Celle-ci, en effet, renferme les rois régnants de la pensée et de la politique ; le cénacle du journalisme de la Restauration s'est transformé en conclave, tandis que l'Académie des sciences ne compte plus qu'un seul souverain politique, M. Arago, et que l'Académie française est réduite à deux dieux de l'Olympe, MM. de Lamartine et Victor Hugo, et se recrute habituellement parmi les hommes d'État, tels que MM. Dupin,

Thiers, de Salvandy, Guizot, Mignet, Molé, de Tocqueville et Pasquier.

Ainsi donc, les sciences ne mènent plus à la politique comme sous l'Empire, elles ne lui servent plus à rien ; et la politique mène à l'Académie française, mais la littérature n'y gagne pas grand'chose ; l'Académie française est un lieu de repos et de causerie politique pour des hommes d'État fatigués et ennuyés, qui aiment à parler et parlent fort bien ; mais l'Académie des sciences morales et politiques est vraiment un institut aussi politique que scientifique ; ses membres sont tout aussi bien ministres dans le royaume de l'intelligence que dans celui de la politique.

En d'autres termes, l'*Académie française* était, avant 1789, l'expression de l'état social ; la politique y puisait ses armes. L'*Académie des sciences* fut, sans métaphore, l'arsenal de l'Empire, puisque ses membres ont fondé l'École polytechnique, les corps du génie et de l'artillerie, les ponts et chaussées, les arsenaux et manufactures d'armes, les mines et les poudres, et que Carnot, avant Napoléon, avait déja *organisé la victoire*. De même, l'*Académie des sciences morales et politiques* est l'expression très-exacte du régime social actuel[1].

Pour prévoir notre avenir intellectuel aussi bien que notre avenir politique, il semble donc qu'on devrait observer avec soin quels sont ou seront les éléments nouveaux que l'Académie des sciences morales et politiques s'associera, quels sont ceux qui germent en dehors d'elle. La tendance générale des intelligences n'est-elle pas un peu vers l'*économie politique* ? En effet, l'*industrie* a grand besoin que la science politique s'occupe de son *organisation.* — Et n'y a-t-il

---

1. Sous l'*Empire*, la division des classes de l'Institut était :

1re classe. Sciences physiques et mathématiques ;
2e   —   Langue et littérature françaises ;
3e   —   Histoire et littérature anciennes ;
4e   —   Beaux-arts.

Sous la *Restauration*, la classe des sciences physiques et mathématiques descendit de deux degrés, en prenant toutefois un titre plus large, celui d'Académie *des sciences*, et les quatre Académies furent rangées dans l'ordre suivant :

1e Académie française ;
2e   —   des inscriptions et belles-lettres ;
3o   —   des sciences ;
4o   —   des beaux-arts.

Depuis 1830, on a conservé l'ordre des quatre Académies ; mais l'on a ajouté, à *leur suite*, une cinquième, l'Académie des sciences morales et politiques. D'après l'importance relative véritable, celle-ci devrait être *en tête* des quatre autres.

11

pas aussi un vague attrait pour les idées *reli-gieuses* ? En effet, la religion a bien besoin que la science morale s'occupe de sa *résurrection* ou *transfiguration*.

Organisation du travail, résurrection religieuse, telles sont les deux grandes œuvres que notre époque demande à l'avenir. Elles sont bien senties, mais fort mal comprises et encore plus mal exprimées, par les *républicains* et les *légiti-mistes*, qui ne gouvernent pas plus les esprits qu'ils ne gouvernent la politique. Toujours est-il qu'en ce moment l'*intelligence* humaine *rêve* aux moyens de pourvoir aux intérêt *matériels* et *moraux* de l'humanité. Les savants qui sont dans cette voie, quels que soient les écarts de leur pensée, sont évidemment dans la route de l'avenir, quand bien même ils seraient traités par les grands génies de nos jours, comme ont été traités Chateaubriand, madame de Staël et tous les *idéologues*, pères de l'Académie actuelle des sciences morales et politiques, par le plus puis-sant génie des temps modernes, par Napoléon.

P. E.

LETTRES A UN CATHOLIQUE

(M. ALBERT DU BOYS, ancien magistrat à la cour de Grenoble.)

—

CCCXXXVII^e LETTRE

—

A M. ALBERT DU BOYS

Paris, 6 mars 1843.

Mon cher Monsieur, vous dites que mon livre sur la *Colonisation de l'Algérie* atteste un esprit *organisateur*, un homme *pratique* et *positif*. Vous ne pouviez rien dire qui me flattât davantage, car je m'étais surtout proposé un but d'organisation, un but positif et pratique.

Je ne comprends donc pas bien quel rôle vous pensez que je pouvais faire jouer à la religion dans un projet de colonisation de l'Algérie, présenté à la France du XVIIIe siècle, à un gouvernement parlementaire, à une presse anarchique, à un public assez indifférent en matières religieuses.

Ceci n'est pas un livre de théorie, puisque

vous-même lui trouvez le caractère pratique ; croyez-vous qu'il soit possible, *en pratique,* de placer, mieux que je ne l'ai fait, le prêtre dans le village colonial ? Quant à moi, j'ai cru donner ainsi au prêtre plus d'importance même qu'il n'en a en France, surtout si l'Église fait des choix appropriés aux besoins de l'Algérie.

Sans doute, la question des deux pouvoirs est une admirable question théorique ; mais, alors même qu'on admettrait l'unitarisme ultramontain de de Maistre ou de Bellarmin, ou le dualisme gallican de Bossuet et de M. Dupin, serait-il pratique de placer l'Algérie sous l'influence papale, ou de mettre l'évêque d'Alger au même niveau que le paysan d'Excideuil ? Je ne pense pas que l'une ou l'autre de ces solutions ait chance de succès immédiat ; or, je crois qu'il y a immédiatement quelque chose à faire en Algérie. Que faut-il faire, et surtout que *peut-on* faire ! Que peuvent proposer ceux qui, comme vous et moi, savent qu'on ne fonde rien sans religion ?

Peut-être avez-vous pensé que mes antécédents me gênaient pour aborder ce sujet. Pas le moins du monde. J'ai dit tout ce que je croyais praticable.

Je ne sais point d'ailleurs si vous ne donnez

pas une acception trop spéciale à cette excellente pensée, qu'on ne fonde rien sans religion ;
vous le prouvez en citant Numa pour le paganisme ; M. Guizot l'a prouvé en attribuant, avec
raison, aux évêques, la fondation du royaume de
France ; et vous encore vous avez raison de citer, à ce propos, l'apparition de la *croix angli-
cane* sur les côtes de la Chine. Toutefois le rôle
que jouent les représentants directs de la religion n'est pas constamment le même dans tous
les événements humains. Si les évêques ont fondé la France, M. Guizot s'est bien gardé d'attribuer ce rôle à Mazarin ou à Richelieu, à Fleury
ou à Dubois, au conventionnel abbé Grégoire ou à
l'abbé Sieyès. En effet, ce n'est pas seulement
depuis 1789 que le catholicisme sommeille comme
fondateur, et il serait plus juste de dire que tout
ce qui a été fondé depuis, l'a été en dehors de
lui et contre lui, quand même on serait convaincu
que ces fondations du protestantisme reposent
sur le sable.

Pour mieux faire comprendre ma pensée, je
reconnais avoir été bien maladroit dans ma plai-
santerie sur les académies[1], puisque vous l'avez

1. Voir la Note sur la Concordance des révolutions

interprétée comme vous l'avez fait, c'est-à-dire
en me supposant un grand espoir *religieux* dans
le *conclave* académique des sciences politiques
et morales. Je ne compte pas plus sur lui que
Napoléon ne comptait sur les littérateurs de 89,
que Louis XVIII ne comptait sur les mécaniciens de l'empire ; que Louis-Philippe n'a compté
sur Bonald, de Maistre, Chateaubriand et Lainé.
Plus je signale ces messieurs comme représentants de l'époque *actuelle*, moins vous auriez dû
croire que je songeasse à eux pour l'*avenir*. J'ai
même eu le soin de dire que les grands génies
de *nos jours* sont exposés, comme Napoléon, à
méconnaître leurs successeurs légitimes et à les
traiter d'idéologues conspirateurs. Enfin j'ai indiqué les *républicains* et les *légitimistes* comme
sentant bien les deux grandes œuvres de l'avé-
nir ; j'ai ajouté, il est vrai, qu'ils comprenaient
et exprimaient mal ce qu'il y avait à faire pour
les réaliser.

Comme moi, certainement, vous pensez que
l'*intelligence humaine* (bien entendu, sous
l'inspiration ou révélation que Dieu lui donnera)

intellectuelles et des révolutions politiques. (Extrait de la
Colonisation de l'Algérie.)

doit rêver, dès aujourd'hui, à l'*organisation politique du* PEUPLE, et à l'*éducation religieuse* de l'HOMME. Les républicains songent plus au peuple qu'à l'homme ; ils sont *politiques* plus que les légitimistes. Ceux-ci songent à l'homme, élément du peuple ; ils sont plus *moraux* que les républicains, en ce sens même je préférerais leur donner leur vrai nom, et les appeler plutôt les catholiques que les légitimistes. Eh bien, ma note a pour but de faire comprendre que c'est de ces deux côtés que se fait en ce moment l'œuvre *intellectuelle* qui prépare l'avenir, et je n'ai jamais pensé que M. Cousin ou M. Charles Dupin y fussent pour grand'chose, si ce n'est pour faire sentir le vide qui résulte, pour l'*homme* et pour le *peuple*, des doctrines philosophiques et économiques dont ils sont les pontifes.

Vous le voyez donc, j'attache plus d'importance que vous ne pensez à MM. de Ravignan, Lacordaire, et autres prédicateurs qui *réveillent* la chaire sacrée, dont le sommeil date aussi de plus loin que 1789. J'attache de l'importance à la *Phalange*, à la *Ruche populaire*, à la *Revue indépendante*, à l'*Atelier*, et surtout aux *Mystères de Paris*, quoique ce roman paraisse ou plutôt parce qu'il paraît dans le journal des *bour-*

geois et qu'il signale de grandes misères du *peu-*
ple. En un mot, les ouvriers et les prêtres me
paraissent les grands travailleurs intellectuels du
moment ; et si, comme vous semblez l'espérer et
comme j'en ai la foi la plus ferme, Dieu veut
modifier, par une révélation nouvelle, appro-
priée au *temps* actuel et à l'avenir, l'expression
de son éternelle volonté, je pense que ce sont
les ouvriers et les prêtres qui, les premiers, en-
tendront sa parole et la proclameront. Le jour
où les ouvriers et les prêtres *s'uniront* pour
une œuvre commune, nous serons en pleine
voie d'avenir ; jusque-là, comment fonder ? —
Sans religion et sans peuple on ne fonde qu'un
Parlement.

Vous le voyez, votre langage ne me fait pas
sourire, mon oreille y est faite ; je crains seulement, si j'ose le dire, que vous ne soyez trop
exigeant envers Dieu, et que vous ne refusiez de
croire à sa volonté, aux ordres qu'il donne aux
hommes du dix-neuvième siècle, à moins que
cette volonté n'ait pour sanction le *martyre* de
ceux qui l'anoncent, et que ces ordres ne soient
accompagnés d'événements que vous nommez
surnaturels. Je ne vois pas que ces deux preuves soient indispensables aujourd'hui.

Ballanche a raison de dire que l'initié tue l'initiateur ; car le fils tue le père, en ce sens qu'il lui *succède*, et des peuplades sauvages pratiquent la chose à la lettre ; toutefois l'humanité, se développant, s'améliore, et quoique le fils succède au père et ne puisse pas l'empêcher de mourir, il l'aide, autant qu'il peut, à vivre, et lui rend la mort aussi peu douleureuse que possible, en lui donnant ses soins affectueux. Je ne vois donc pas pourquoi, à tout jamais, les prophètes devraient être insultés et *martyrisés*.

Quant au *surnaturel*, comme je ne connais rien dans la nature qui ne soit inexplicable, incompréhensible, à commencer par ma propre naissance, par ma vie de tous les jours, de chaque instant ; comme *tout ce qui est* me PROUVE DIEU, je ne vois pas non plus en quoi il serait nécessaire d'imaginer une chose surnaturelle qui me le *prouvât* davantage. Ceux qui ont besoin de ces preuves sont ceux qui sentent Dieu dans *telle* ou *telle* chose ; mais ceux qui le sentent en *tout ce qui est* n'en ont pas besoin.

Si je ne me trompe, malgré le « Notre Père qui êtes *aux cieux*, » il est de foi chrétienne orthodoxe que Dieu *est partout*, mais nulle part entièrement. Il ne serait donc pas plus intégralement et essentiellement dans le miracle surnaturel qu'il ne l'est ailleurs. Vous pensez sans doute qu'il s'y manifesterait davantage et d'une façon plus incontestable. Même en admettant cette pensée, je ne vois pas pourquoi vous désireriez que l'on ne *crût* à la volonté de Dieu que lorsque l'on ne peut pas faire autrement ; ce ne serait plus de la foi ; le martyre et le miracle n'ont jamais été, que je sache, d'obligation.

MM. de Ravignan et Lacordaire, MM. Bautain, Cœur et bien d'autres continuent, pour tous et pour moi-même, l'enseignement d'une doctrine qui a dix-huit siècles de vie. Or, j'ai déjà près d'un demi-siècle sur la tête, et vous m'engagez à attendre pour *juger*. Si mon jugement était hostile, je comprendrais que vous m'engageassiez à le suspendre prudemment ; mais je crains que vous-même n'ayez *jugé mon jugement*, avec la pensée préconçue qu'il devait être inévitablement hostile ; s'il l'était, ce serait tout à fait contre mon intention.

Je vous le répète, je ne crois pas et n'ai jamais cru que l'initié dût tuer l'initiateur, et j'ai toujours pensé que le fils devait amour et respect au père. Le catholicisme a reçu de Dieu, selon moi, des avertissements, depuis trois siècles surtout, auxquels il n'a pas prêté l'oreille ; ses adversaires l'ont déclaré sourd : telle n'a jamais été ma pensée. Il a continué à vivre, comme il avait dû vivre pour élever la société qu'à grand'peine il avait fondée, tandis que cette société se décomposait pour se reconstituer sous une forme nouvelle. Tant qu'il ne s'est agi que que dissoudre, désunir, diviser, le catholicisme s'est tenu en dehors ou au-dessus de ce mouvement vers la mort. Maintenant qu'il s'agit, pour tout le monde, de reconstruire et de vivre, d'unir et d'associer, j'ai l'espoir qu'il ne manquera pas à cette tâche. Ce n'est pas à moi qu'il appartient de l'y appeler aujourd'hui ; d'autres voix que la mienne seront pour lui un appel plus efficace.

Je reviens à l'Algérie, dont ceci nous éloignerait trop. Si vous critiquez la place que j'assigne aux prêtres dans les villages coloniaux, et si vous trouvez insuffisant ce que je dis des ordres religieux travailleurs, je vous demande en grâce ce que vous croyez qu'*on peut* proposer de plus pour aider la religion à prendre, dans la fondation de la colonisation algérienne, la part qui peut lui être attribuée ; je dis qui *peut* et non pas qui *doit* ou *devrait*; ceci est question de pratique et non de théorie.

Avec la place que j'assigne à la religion, je crois que si elle *veut* et si elle *sait* la remplir, c'est-à-dire si Dieu lui donne la *volonté* et la *science* pour fonder, elle sera, en Algérie, mieux placée qu'elle ne l'était dans les Gaules, aux IIIe et IVe siècles, pour fonder quelque chose. Pour cela, sans doute, il faut que ses prêtres soient aussi *en avant* des colons que les évêques gallo-romains étaient en avant du peuple des Gaules ; non pas en avant seulement comme ministres d'un culte de cathédrale, mais donnant l'exemple pratique des actes autant que des vertus *utiles*. Or, ceci ne dépend pas, soyez-en sûr, de la place qu'on assignera aux prêtres, mais bien de leur valeur réelle, qui seule pourra leur conquérir l'importance, comme la valeur des premiers chrétiens, et leurs travaux prodigieux de fondation sociale, dans les Gaules et ailleurs, leur acquirent l'importance qu'ils eurent depuis le VIe siècle jusqu'au XVe.

Dans les temps ordinaires, lorsque rien de neuf n'est à faire, la place assignée aux hommes est pour beaucoup dans le service qu'il peuvent rendre ; mais dans les grands moments de création, la place est toujours conquise par l'homme qui doit la remplir ; il en est de même dans les moments de destruction. Robespierre et Napoléon ne sont pas plus miraculeux que Grégoire VII et Charlemagne. L'important aujourd'hui n'est donc pas de tâcher de faire belle place à l'Église, ce serait mettre la charrue devant les bœufs ; l'important est que l'Église, qui ne saurait agir par ruse ou violence, prouve qu'elle a l'intelligence supérieure des besoins du monde, quelle que soit la place que notre monde désordonné consente à lui accorder. Il me semble que vous êtes trop préoccupé de la place que je n'ai pas faite, et pas assez de ce que l'Église pourrait et devrait faire dans la place que vous désirez pour elle ou dans celle que je propose de lui donner.

Vous réclamez, pour rendre compte de mon ouvrage, pleine liberté de langage, limitée par votre amitié pour moi ; je vous demande moi-même d'user de cette liberté, étendue au contraire par notre amitié. Ne craignez, en aucune façon, de me blesser ; je suis certain que tous les coups que vous me porterez doivent contribuer à éclairer sur ce qu'il est possible de faire pour *fonder,* soit en Algérie, soit en France ; car nous sommes organisateurs tous les deux, et tous deux aussi nous sommes convaincus qu'on ne fonde rien sans religion. Dites donc, à propos de l'Algérie, ce que doit y faire la religion. Reprochez-moi, si vous voulez, de ne l'avoir pas indiqué, et vous rendrez service à la religion, sans que vos reproches puissent me peiner ; j'aurai été l'occasion et presque l'excitant d'une bonne parole : de quoi pourrais-je me plaindre ?

Dans la note que vous citez[1], vous avez dû voir que, selon moi, les évêques de France ne possèdent plus ce qui faisait la gloire, la force,

1. Un prêtre dont le cœur est rempli d'excellentes intentions, M. Landmann, ancien curé de Constantine, a écrit sur la colonisation de l'Algérie, et s'en occupe avec un zèle apostolique. Prêtre chrétien, il voudrait voir le christianisme, par son clergé même, jouer en Algérie le rôle civilisateur qu'il a joué jadis dans toute l'Europe ; ce serait, en effet, un bien beau réveil, après un long sommeil. Est-ce possible ? — Dieu le sait ; mais pour que cela fût possible, il faudrait, avant tout, que le clergé chrétien de l'Algérie se proposât directement autre chose que les pratiques religieuses de l'Église, et qu'il fût *cultivateur*, directeur-modèle du travail colonial, qu'il fût un *ordre* de *prêtres laboureurs* (comme l'ordre de Malte était un *ordre de prêtres soldats*), comme plusieurs ordres religieux qui ont *défriché* l'Europe. Cette condition est difficile à remplir aujourd'hui, mais tout ce qui s'en rapprocherait serait excellent. Il vaudrait mieux copier, en Algérie, l'ordre de Malte, les Chartreux, les Bénédictins, que d'y transporter une copie exacte de nos évêchés de France, qui ne possèdent plus ce qui faisait autrefois la *gloire*, la *force* et la *lumière* terrestres du christianisme. (*Colonisation de l'Algérie.*)

la lumière *terrestres* du christianisme. Vous
pouvez être certain que personne ne désire plus
que moi voir l'Église découvrir et posséder ce
qui doit être la lumière, la gloire, la force *terrestres* dans l'avenir ; mais, je le confesse, ces
éléments de puissance pour l'avenir ne me paraissent pas être absolument les mêmes que dans
le passé : aussi ai-je peine à comprendre comment
le prêtre, qui a fait courber la tête au fier Sicam-
bre Clovis devant la religion de paix, hésite
encore à commander au peuple, au nom de son
Dieu de paix, le respect pour le premier Roi
qui ait dit : « La paix partout ! La paix toujours ! »

Ce serait le signe, merveilleux sans doute,
auquel je reconnaîtrais que l'Église catholique
veut reprendre sa place en tête de l'humanité, et
reconquérir sa gloire, sa force, sa lumière *terrestres*. Je crois que si les catholiques étaient
un peu moins légitimistes, ce serait déjà fait.
L'Église n'a pas encore pris sous sa *protection*, pour les mettre plus tard sous sa *direction*,
la presse et la vapeur, le *verbe* et la *chair*
ACTUELS ; elle boude la royauté citoyenne, bourgeoise, épicière, pacifique : comment voulez-
vous qu'on demande pour elle la direction ou

la semi-direction de la colonisation de l'Algérie ?

P. E.

CCCXXXVIII^E LETTRE

A M. ALBERT DU BOYS

Paris, 18 mars 1843.

Mon cher Monsieur, je vais répondre, pour
ainsi dire, article par article, à votre lettre.

D'après la citation que je vous faisais de l'o-
pinion de M. Guizot, vous aviez rappelé le rôle
politique des évêques de France, leur œuvre de
fondation de la société française. Je vous ai répondu que, malgré les grands ministres prêtres,
y compris M. de Frayssinous, le catholicisme,
depuis trois siècles, n'avait pas, à beaucoup près,
rempli le rôle politique que M. Guizot, le protestant, attribue aux évêques qui ont fondé la société
féodale chrétienne. Vous répliquez par saint
Vincent de Paul, Mascaron, Fléchier et même

Bossuet. Permettez-moi de vous dire que ce n'est pas là la question, quoique Bossuet (le seul de tous ceux que vous nommez qui ait eu un rôle vraiment politique) ait précisément fondé le gallicanisme, destruction complète de la société théologique et féodale du VIIe au XVe siècle. C'est parce |que Bossuet a été, pour ainsi dire, protestant contre l'institution papale antérieure, qu'il me paraît avoir été un instrument puissant de destruction de la grande forme catholique des sociétés du moyen âge, et avoir servi en même temps à l'éducation nouvelle des nations *en dehors de l'Eglise*.

Je prends ceci à la lettre pour la France, et j'affirme que c'est surtout depuis Bossuet que l'éducation a été donnée peu à peu à la France par l'université *laïque*, par les académies *laïques*, par la littérature et la science *laïques;* c'est depuis Bossuet surtout que la politique est devenue de plus en plus indépendante de l'Église romaine. Je ne cherche pas les intentions de Bossuet; je constate un fait que de Maistre a bien vu, et que, selon moi, il a mal jugé. Ce même fait, Leibnitz, le protestant, le *prévoyait;* il prévoyait dans Bossuet les altérations de la grande unité.

Quant aux miracles, vous dites que s'il y avait une révélation ayant pour but une plus grande extension de la religion, cette révélation devrait frapper par des signes éclatants de grandes masses d'hommes ; que ses apôtres devraient guérir les incurables et ressusciter les morts ; enfin que les *ouvriers,* au moins, auraient besoin d'être impressionnés par ces *grands renversements des lois de la nature*.

Je vous ai déjà répondu que je ne comprenais pas comment vous pouviez imposer à l'avance à Dieu l'obligation de manifester ainsi sa volonté[1].

1.   *Notes sur les choses surnaturelles.*

Saint Augustin a Honoré. « ... Que si, en croissant à la lumière, ils parviennent de la foi à la claire vision, en sorte qu'ils méritent de voir ce qu'ils croient, c'est-à-dire de le voir selon qu'une chose de cette nature peut être vue, ils recevront la plénitude, etc., etc. »

Le même a Consentius. « ... Pour les choses *invisibles,* c'est les voir que de les comprendre ; ainsi celles-là mêmes se voient *de la manière qu'il convient à leur nature,* et quand on les voit *de cette sorte* on les voit bien plus sûrement que celles qui sont à la portée de nos sens. »

Le même a Pauline. « ... Saint Étienne, pendant qu'on le lapidait, *vit* les cieux ouverts et Jésus à la droite de Dieu, mais le peuple *n'en vit rien.* Aussi *ne voit-on* pas Dieu comme les yeux du corps *voient* quelque chose d'étendu et de renfermé dans un espace, mais par la seule pureté du cœur. Il n'est ni une étendue que la vue puisse embrasser, *comme on pourrait le croire* sur cette parole de Dieu à Moïse ; Vous

J'ajoute en note quelques mots de saint Augustin, et j'y aurais joint bien d'autres passages des

me verrez par derrière ; ni une masse que le toucher puisse atteindre, comme cette lutte de Jacob avec Dieu *semble le supposer.* »

LE MÊME A FORTUNACIEN. « ... Saint Jérôme fait voir que c'est des yeux de l'homme *intérieur* qu'il veut qu'on entende ce que dit saint Paul (1 Cor. XIII, 12), que nous verrons Dieu *face à face*, puisque c'est des *yeux du cœur* que l'Apôtre parle... Saint Jérôme déclare nettement qu'on *ne voit même Dieu des yeux de l'esprit* qu'autant qu'*on croit* QU'IL EST INVISIBLE... Lorsque l'Écriture parle des *ailes de Dieu*, nous n'entendons autre chose par là que sa protection ; de même, en parlant de *ses mains*, nous ne devons entendre que son *opération* ; par ses pieds, etc., etc., et ainsi de toutes les expressions dont l'Écriture se sert en parlant de Dieu. »

SAINT JÉRÔME, COMMENT. DU PS. 93, CH. IX. « ... Les hommes sans jugement prennent ces termes *à la lettre.* »

SAINT AUGUSTIN A SAINT PAULIN. « ... Le prophète a dit (Ps. XV, 4) : Leurs infirmités se sont multipliées, etc., où il emploie ce mot d'*infirmités* pour celui de *péchés* ; aussi bien que l'Apôtre dans ce passage de l'Épître aux Romains (V, 6) où il est aisé de voir que les *infirmes* et les *impies* sont la MÊME CHOSE. Quand le prophète dit : Leurs infirmités se sont multipliées, C'EST COMME S'IL DISAIT : Leurs péchés se sont multipliés. »

SAINT AUGUSTIN A ÉVODE. « ... Lisez l'Apôtre, vous y verrez que dans cet endroit-là (I, Cor. XIV. 38) il ne parle que de ce qui peut aller à édifier la foi ou à former les mœurs de TOUT LE MONDE, et non pas de ce qui peut n'être compris que *d'un très-petit nombre*, et encore très-imparfaitement.

« ... Pour cette voix qui fut *entendue* au baptême de Jésus-Christ, cette colombe qui *parut* dans la même occasion ; les langues de feu qui *parurent* sur chacun des disciples au jour de la Pentecôte ; ce sont des choses qui n'ont fait que passer, et qui n'ont été produites qu'en signe et en figure de quelque autre chose, aussi bien que tout ce qui se passa de terrible

Pères et des Évangiles, dans le même esprit, si je n'avais pas craint de vous répéter des choses que vous savez aussi bien que moi, et qui se présenteront à vous, je l'espère, sous une nouvelle forme, quand vous aurez médité ces passages du grand, de l'admirable docteur de la foi chrétienne.

Quant aux ouvriers que vous supposez *inca-*

sur le mont Sinaï quand la loi fut donnée à Moïse, etc., etc... Il faut donc bien se garder de croire que la substance du Père, du Fils et du Saint-Esprit soit capable de changement et puisse devenir autre chose que ce qu'elle est; c'est sur quoi il ne faut pas hésiter, sous prétexte que l'Écriture donne quelquefois au *signe* le nom de *chose* signifiée, comme quand elle dit que le Saint-Esprit descendit *visiblement en forme de colombe*, et se posa sur la tête de Jésus-Christ; car cela se doit entendre comme ce que dit saint Paul que la *pierre* était le *Christ*, c'est-à-dire qu'elle le SIGNIFIAIT. L'Écriture dit simplement que l'on vit *comme* une colombe (Luc, III, 22); elle dit de même qu'à la descente du Saint-Esprit (Act. 22), on entendit tout à coup un grand bruit *comme* d'un vent impétueux, etc., et qu'il parut *comme* des langues de feu. Or, quand l'Écriture dit *comme* d'un vent, *comme* d'un feu, ce n'est pas d'un *vent véritable*, ni d'un *feu tel que nous le connaissons* qu'ELLE VEUT PARLER, mais de quelque chose de semblable à l'un et à l'autre. *Il y aurait bien des choses à dire sur cela si on voulait traiter cette matière à fond, mais cela n'est pas* NÉCESSAIRE ET NOUS MÈNERAIT TROP LOIN.

« .... De savoir si ces sortes de visions extraordinaires se font par quelque chose de corporel, ou si, n'ayant que l'apparence des choses corporelles, elles sont causées par quelque nature spirituelle qui fasse SUR LES YEUX DE NOTRE ESPRIT la même impression qu'y ferait un objet réel qu'il apercevrait *pables* de croire sans miracles, si vous admettez que les hommes d'élite et de foi n'en ont pas un indispensable besoin, vous devez espérer qu'il viendra un temps où les ouvriers eux-mêmes n'auront plus besoin de ce moyen, qui vous paraît exigé *aujourd'hui* par leur *ignorance*. Or, je suis convaincu qu'un des grands moyens de les délivrer de leur ignorance est de leur faire con-

par les yeux *du corps*, c'est ce dont nous ne devons pas prononcer témérairement...

« ... Laissez-moi étudier et dicter en repos des choses qui sont certainement préférables à ces questions que vous me pourriez faire, puisqu'au lieu que ce que je vous dirais sur ces questions ne serait utile qu'à *très-peu de gens*, il y en a beaucoup qui auraient besoin de ce que je fais. »

(Voir ces mêmes lettres de saint Augustin à Évode, sur la descente de Jésus-Christ aux enfers.)

Saint Augustin a Contentius. « ... Il est *à propos* que les *raisons* de quelques-unes de ces *merveilles* ne se voient pas aisément : autrement la facilité d'en voir la *raison* leur ferait perdre de leur prix à l'égard de *certains esprits dégoûtés*, sur qui les choses ne font impression qu'autant que l'admiration les pique, car il y en a *beaucoup* qui sont plus touchés des moindres choses qui leur donnent *l'admiration* que des plus grandes merveilles dont ils connaîtraient la cause... Il faut à ces sortes d'esprits des *miracles* visibles pour les porter à la foi des choses *invisibles*, et pour les mettre au point qu'étant peu à peu *purifiés* par le feu de la charité, et familiarisés, pour ainsi dire, avec la vérité, *ils cessent d'admirer ce qu'ils admiraient auparavant.*

(Si vous étiez à Paris, je vous montrerais un volume entier de témoignages de cette force que j'ai recueillis avec le plus grand soin dans les Pères et dans le grand livre, la Bible.)

naître les *lois* de la nature, et non de les bercer de l'espoir de voir des *renversements de ces lois*. Dans tous les cas, ceci ne serait entre nous, quant à l'avenir, qu'une question de temps et, si j'ose dire, d'opportunité, car vous désirez que le peuple s'éclaire.

Vous avez raison de penser que l'histoire établira, entre la chute de Napoléon et la captivité de Pie VII, un rapprochement qui montrera comment le dernier des Césars a dû être vaincu par le successeur captif de saint Pierre; comment la puissante épée a encore été brisée par la houlette du plus *empêché* des pasteurs du Dieu de paix. Mais quand donc ces pasteurs songeront-ils à aider, à élever, à sacrer les hommes de paix ? C'est là ma question pour l'intervention du clergé dans la politique actuelle et future. Que l'Église ait détrôné César, je n'en suis pas en peine ; mais avons-nous donc un César sur le trône ? L'Église elle-même, j'en suis convaincu, serait plus disposée à dire que César est un épicier pour elle. C'est là surtout ce qui me semble contradictoire dans la conduite de l'Église et du parti politique qui puise en elle ses inspirations.

Vous dites que le souverain actuel a moins

fait pour le clergé que n'a fait Napoléon. Je
crois que vous êtes injuste de deux manières.
Quoique je ne sois pas de ceux qui conçoivent
une religion sans clergé, il me paraît qu'on peut
(selon le temps) faire beaucoup pour la religion
en faisant peu pour le clergé, et réciproquement.
Ainsi tout gouvernement GUERRIER, de nos jours,
qui voudrait faire beaucoup de bien au clergé,
me semblerait plus dangereux pour la religion
qu'un gouvernement PACIFIQUE, fût-il épicier, qui
ferait peu pour le clergé directement, mais qui,
uniquement parce qu'il professerait et pratique-
rait un système de PAIX entre les peuples, favo-
riserait indirectement au moins, et par cela seul,
l'influence d'un clergé qui lui-même serait animé
de l'*esprit de paix*.

Vous pensez, comme M. Guizot, qu'il ne faut
pas se hâter, qu'on doit attendre, qu'il est imprudent de s'engager légèrement ; c'est évident, mais
jusqu'à une certaine limite, et il me semble que
si nous ne l'avons atteinte, nous en approchons
bien.

Je ne demande pas du tout aux docteurs de
l'Église du XIXe siècle de contribuer à des
« réformes soudaines et violentes dans les lois
civiles et politiques, » et je ne croirais même

pas bon qu'ils fussent tous aussi révolutionnaires que le grand saint-Augustin, dont vous me
citez la timidité, et qui pourtant a rudement
secoué les dandys du cirque et du théâtre, leurs
jeux, leurs occupations, leur nullité, leur vanité,
et dont la parole a fait affranchir plus d'esclaves
que toutes les paroles de la chaire chrétienne de
ce siècle ne feront associer d'ouvriers. C'est
qu'alors le grand fait politique auquel l'Église
travaillait, sans s'en douter, c'était *l'affranchissement de l'esclave;* car tel est le signe carac-
téristique qui distingue la société féodale chrétienne de la société païenne ; tandis que le signe
nouveau qui distinguera la société future (la cité
terrestre de Dieu) de la société actuelle, ce sera
*l'association de l'ouvrier et du chef de tra-
vail,* qui sont en guerre aujourd'hui.

AFFRANCHIR était un peu plus rude qu'ASSOCIER,
et cette œuvre a dû exiger, de la part des apôtres à qui Dieu l'a confiée, une puissance de lutte
extraordinaire qui a été merveilleuse dans les
premiers siècles. Alors les chrétiens étaient (et
les païens ne s'y trompaient pas) de vrais révolutionnaires ; vous savez bien qu'on les accusait
de bouleverser l'empire, de favoriser, d'appeler
de même des barbares. Rien de cela n'est à faire

aujourd'hui ; je n'attends donc pas, je le répète, que l'Église contribue à des réformes *violentes* ; et il me semble que vous avez doublement tort de le supposer, puisque vous répondez ainsi au désir que j'aurais de la voir s'unir à la royauté, pour l'aider à accomplir la grande œuvre du siècle. Je crains au contraire que, par un anachronisme funeste, plusieurs personnes en France n'espèrent aussi dans les *barbares*, et ne croient à la prophétie de Napoléon sur la *république* et les *Cosaques*.

Sans doute, la barque de saint Pierre a été sauvée d'effroyables tempêtes ; mais sa seule mission n'est pas de *se sauver* ; elle est instituée pour être la barque pilote qui indique les récifs et les passes, qui fend bravement les vagues pour aller chercher les vaisseaux en péril, qui guide et sauve le naufragé et l'amène au port.

De ce que les nations et les royautés se meurent, tandis que, selon vous, l'Église est immuable, vous n'en concluez pas, certes, que l'Église soit là seulement pour regarder passer les mourants en leur donnant sa bénédiction. Est-ce que les naissances ne seraient plus de son ressort ? Est-ce qu'elle ne veut plus donner le baptême !

Est-ce que ce n'est plus elle qui doit dire, avant tous, plus haut que tous : Ceci est *bien*, ceci est *mal* ? Depuis un demi-siècle elle gémit, et Rome et le monde n'entendent plus, de la chaire de saint Pierre, tomber qu'une parole de deuil et de désolation. Tout meurt donc aujourd'hui, tout s'en va donc... O mon Dieu, non ! quelque chose *naît* dans le monde, et pourtant l'Église ne fait pas entendre son chant de joie.

En un mot, vous dites que l'Église ne doit pas se mêler de politique : moi, je soutiens que, même aujourd'hui, elle s'en mêle très-fort, uniquement parce qu'elle s'en tient à l'écart et gémit de tout ce qui s'y fait ; et j'appelle de tous mes vœux le jour où elle s'y mêlera, en portant ses bénédictions sur ce qu'il y a de bon, quoique *neuf*, dans ce monde, en réprouvant ce qui *est mauvais*, et enterrant noblement ce qui *fut bon*.

Vous me demandez une explication sur mon commentaire de la phrase de Ballanche : « L'initié tue l'initiateur. » La voici ; je souhaite qu'elle ne vous laisse pas la pensée que nous sommes à mille lieues l'un de l'autre sur un sujet aussi grave.

Jésus est venu *accomplir la loi* et non la détruire, c'est la parole du livre sacré ; et pour-

tant vous vous appelez chrétien et non pas juif.
Israël, l'initiateur de saint Paul (quoique celui-
ci se fit tout à tous pour les amener tous), a été,
pendant dix-huit siècles, crucifié à son tour par
les générations nées du Christ et de saint Paul.

Eh bien, j'aime à penser que vous ne m'avez
jamais cru capable d'être envers le *catholicisme*
ce que les chrétiens ont été envers les disciples
fidèles et aveugles de Moïse, envers les *Juifs*.
Je n'ai que des *actions de grâces* à rendre, tandis que les chrétiens ont cru devoir venger leur
Dieu même. Or, vous sentez, comme moi, que
la société tend à *se reconstituer sur de nouvelles bases ;* vous ne repoussez pas même au
moins l'hypothèse et l'espoir d'une manifesta-
tion, d'une *révélation de Dieu à ce sujet.* Moi,
je crois fermement à cette hypothèse, et j'ai également la ferme conviction que l'Église catholique sera, que dis-je ! est, en ce moment, illu-
minée elle-même de cette révélation, quelque
obscure ou éloignée qu'elle vous paraisse. Je
n'attends donc la mort nulle part, dans le sens
où vous semblez croire que je l'admets. J'attends,
comme je l'ai dit, une transfiguration immense
dans le catholicisme lui-même, qui s'est toujours
transfiguré, depuis les catacombes jusqu'à Saint-

Pierre de Rome; pour des changements sociaux bien moins grands que celui qui se prépare.

Dans cette transfiguration, il y aura, comme à chacune des phases du catholicisme, il y aura des choses qui mourront et d'autres qui naîtront. Les agapes ont disparu aussi bien que le mariage des prêtres, et le catholicisme pourtant n'en est pas mort. Le dogme lui-même a subi une lente élaboration, pendant laquelle des formules, précédemment et provisoirement admises, sont tombées et ont été remplacées. Il est fixé *irrévocablement*, direz-vous, et toute atteinte qui y serait portée serait à vos yeux (si cette idée était possible) le signe de mort du catholicisme. Mais n'est-ce pas l'Eglise qui a décidé que son symbole dogmatique est irrévocable, l'Eglise vivante, qui prêche que la *lettre* tue et que *l'esprit* vivifie !

– C'est là en effet, pour moi, l'espoir le plus grand que je puisse placer dans la révélation nouvelle que Dieu fera ou a déjà faite à l'Eglise catholique ; j'espère que l'esprit vivifiera la lettre en l'expliquant, car le monde ne le comprend pas. Ce serait à mes yeux, ainsi qu'aux vôtres, mais pour deux motifs différents, un miracle ; vous y verriez certes la main de Dieu ; et moi

aussi. Vous ne l'imaginez pas possible ; et moi
je le désire. Vous croyez ce désir coupable peut-
être ; mais les grandes décisions de l'Eglise, même
celle de l'immutabilité du dogme, n'ont-elles
pas toutes été précédées, dans son sein même,
par des désirs qui provoquaient ces solennelles
décisions? Les conciles n'ont rien *improvisé ;*
les sujets qui les occupaient couraient déjà dans
le monde lorsqu'ils s'en saisissaient et les ju-
geaient ; les hérésies elles-mêmes ont bien prouvé
en faveur de l'Eglise quand elle en triomphait ;
mais qui donc peut croire que l'Eglise n'a rien
su prendre de bon, même dans ses ennemis les
plus acharnés? Je suis loin d'être au nombre de
ces derniers ; et quand bien même mon espoir
vous semblerait un *rêve,* je pense que vous ne
douteriez pas de la bonté de l'intention.

Je voulais vous dire encore quelques mots sur
l'unitarisme, mais je suis déjà énormément long ;
je me bornerai à votre dernière phrase, qui
d'ailleurs me ramènera directement au sujet qui
précède. Vous dites : « C'est là la marque du
catholicisme orthodoxe, qui a toujours *méprisé*
le bras de chair. » — Tant que le catholicisme
orthodoxe méprisera *le bras de chair,* il fera
bien en effet de se tenir en dehors de l'*industrie,*

des intérêts *matériels*, de la société *temporelle*, de la POLITIQUE... Et ne dites pas que ce mot *méprisé* vous a échappé; non, c'est bien le mot orthodoxe: l'Eglise méprise la *chair*, la *terre;* elle n'adore que l'*esprit* et le *ciel*.

Mais, dites-moi, n'êtes-vous pas convaincu, en me lisant, qu'on peut au moins autant faire abus et usage fâcheux du *bras de l'esprit* que du *bras de la chair;* que l'un, qui agite aujourd'hui la presse et la tribune, est tout aussi terrible que l'autre armé d'une épée massacrante ou d'une torche incendiaire? Aimez, aimez l'industrie! Aimez ce bras qui creuse des fleuves factices, qui perce des montagnes, qui couvre le globe inculte de jardins, qui dirige les vaisseaux sur la mer; qui *gagne de l'argent!* C'est le bras de chair, direz-vous; eh non! c'est le bras de Dieu!

P. E.

CCCXXXIX^E LETTRE

A M. ALBERT DU BOYS

Paris, 31 mars 1843.

Mon cher Monsieur, je comprends fort bien
que vous ne regrettiez pas cette *forme accidentelle* de la société du moyen âge, pendant
laquelle les évêques étaient en même temps *seigneurs féodaux ;* mais c'est précisément à cette
époque qu'il est juste d'appliquer ce qu'a dit
M. Guizot de l'œuvre des évêques, relativement
à la constitution des sociétés chrétiennes. Je
conçois, dis-je, que vous ne regrettiez cette
forme, ni pour les évêques, ni pour la société
de nos jours, parce qu'il ne s'agit pas aujour-
d'hui de constituer une société féodale. Cependant si, pour constituer cette société féodale,
Dieu a voulu que son Église prît les deux
glaives, il me semble que, dans le cas où il y
aurait *aujourd'hui* des sociétés à former ou à
réformer, et surtout si ces sociétés ne devaient
pas être féodales ou *militaires,* mais indus-

trielles et *pacifiques*, vous devriez me prouver doublement que Dieu ne veut pas, aujourd'hui, que son Église prenne les deux *houlettes* de pasteur.

Vous me paraissez raisonner toujours comme si l'espèce humaine devait éternellement exercer son autorité *temporelle* principalement à la mode de *César*, et par conséquent avec le *sabre* et sous l'invocation du dieu des *armées;* et cependant, si cela devait être encore aujourd'hui, c'est-à-dire si la longue prédication de l'esprit de paix n'avait rien produit, il faudrait que l'Église recommençât son rôle *accidentel* d'évêques féodaux, car c'était un moyen très-puissant d'influence *pacifique* dans une société *militaire*.

De ce point de vue, c'est-à-dire en supposant, en espérant que l'avenir verra des sociétés *pacifiques* là où vivaient, avant le Christ, des sociétés *militaires,* là où vivent encore, depuis le Christ, des sociétés *mixtes* d'hommes de guerre et d'hommes de paix; en rêvant, si vous voulez, que la volonté de Dieu sera faite *sur la terre comme au ciel,* je ne comprendrais plus pourquoi on tiendrait à ce dualisme suprême de séparation de la terre et du ciel, de l'Etat et de l'Église, du temporel et du spirituel. Toutefois je n'en concevrais pas moins l'existence indispensable de ce dualisme entre l'esprit et la chair, entre la science et l'industrie, entre la théorie et la pratique, entre le régulier et le séculier ; mais alors les deux faces de ce dualisme seraient harmoniques et non pas antagonistes, comme elles l'ont toujours été dans le dualisme du passé, lorsque la paix ou la guerre se partageaient si bien le monde sous ces deux grands noms : le Pape et l'Empereur.

Entre ceux-ci, sans doute, il y a eu des trêves ; entre eux aussi il y a eu des crises d'absorption de l'un par l'autre, des victoires et des défaites ; mais il y a eu toujours, en principe, en *dogme*, lutte véritable, lutte très-providentielle, puisqu'elle avait pour but et qu'elle a eu pour résultat d'amoindrir, de déconsidérer, de subalterniser la guerre et César, et de propager le sentiment de paix, d'association, de civilisation parmi les hommes.

Je viens de dire que cette lutte existait en principe, en *dogme;* et ceci m'amène à ce que vous me dites vous-même sur ce point important. Vous affirmez que le dogme n'a pas subi une *lente élaboration*, et vous me défiez de citer un seul exemple de progrès, de développement sous ce rapport, quoique vous reconnaissiez vous-même que certains *mots* de la langue ecclésiastique ont été *créés* par des conciles, ces mots ne correspondant pas, dites-vous, à des idées *nouvelles*.

Si le symbole de saint Athanase n'avait pas fixé la foi d'une manière plus complète, plus parfaite, je ne vois pas pourquoi il aurait été admis par l'Église. La foi au purgatoire, si je ne me trompe, est bien dogmatique, et certes vous ne direz point qu'elle n'ait pas été lentement élaborée. Mais, au reste, bornons-nous, je vous prie, à la question spéciale par laquelle commence cette lettre. L'Écriture originale dit : « Mon royaume n'est pas MAINTENANT de ce monde. » Elle dit aussi, en mille endroits : « Lorsque l'esprit de vérité *viendra*. » Or, l'Église dit, depuis assez longtemps ce me semble : « Mon royaume n'est pas de ce monde, et l'esprit de vérité *est venu*. » D'une part elle a supprimé *maintenant*, et de l'autre elle a décidé que ce qui *était annoncé* par Jésus *est arrivé* après lui.

Je me borne à ces deux changements de la parole originaire du dogme. Je crois que vous

ne refuserez pas à l'Église le pouvoir de réta-
blir un mot supprimé par elle ; or, je vous
demande si, en lisant cette première phrase avec
ou sans le mot *maintenant*, elle représente la
même idée ? Non, certainement. Si donc l'Église
rétablissait ce mot, et si de plus elle décidait,
comme elle l'a fait pour la promesse de vérité,
que ce qui n'*était* pas il y a dix-huit siècles *est*
aujourd'hui, c'est-à-dire que le royaume de Dieu
est *maintenant* de ce monde, elle ne ferait que
ce qu'elle s'est cru toujours le pouvoir de faire.

« Mon royaume n'est pas *maintenant* de ce
monde » est une phrase fort claire, dont le sens
ne peut être douteux en aucune façon, ni comme
jugement du présent, ni comme *promesse* de
l'avenir. « Mon royaume n'est pas de ce monde »
est un peu moins clair, du moins quant à l'avenir, puisque cette forme ne préjuge rien à cet
égard ; c'est une phrase très-temporelle, ou temporaire, et très-peu spirituelle ; par conséquent
elle n'a pas les conditions obligées d'une pensée
dogmatique.

Or, il est tout simple de croire qu'à l'époque
où *ce monde* était celui de César, Jésus ait dit :
« Mon royaume n'est pas MAINTENANT de ce
monde ; » et même la supposition du mot *main-*

tenant a été, non-seulement sans inconvénient, mais même avantageuse, accidentellement, puisqu'elle donnait à la phrase un caractère plus *absolu* de réprobation *actuelle* et active du monde de César, au point que le synonyme de *démon*, dans la langue de l'Église, est *prince du monde*, ce qui était peu flatteur pour César.

Tout le dogme chrétien est empreint de cette réprobation *accidentelle* du monde, parce qu'il a été *élaboré* et *fixé* à une époque où le monde martyrisait les *hommes de paix;* et l'influence de cette réprobation est tellement forte, que vous-même, tout en admettant que le bras de l'*esprit* est aussi pécheur que le bras de la *chair*, vous assimilez toujours le mot *spirituel* au mot *éternel*, tandis que cet autre mot, *charnel*, est pour vous synonyme de *temporel*. Il en résulte que vous avez beau rappeler que Jésus a été charpentier et Paul corroyeur et faiseur de tentes, vous avez beau citer saint Bazile et saint Benoît, les hommes qui s'occupent des travaux de l'*esprit* n'en restent pas moins placés seuls sur la route de l'*éternité*, tandis que ceux qui s'occupent des travaux de la *chair* sont relégués dans le *temps,* et n'accomplissent là qu'un devoir, une obligation , une nécessité.

Sans doute, l'Église a dit : Qui travaille, prie ; sans doute aussi, Jésus a été charpentier, et Paul corroyeur, et Benoît a labouré la terre ; mais comme, aujourd'hui et depuis longtemps, les chefs du christianisme ne font plus et ne dirigent plus le travail *industriel;* comme vous repoussez vous-même la direction temporelle que l'Église, aux temps féodaux, imprimait au peuple *travailleur;* comme vous ne songez à rendre à l'Église que son influence directe sur les *esprits*, par l'*instruction*; enfin, comme dans les faits industriels, où vous me citez l'intervention de l'Église, je ne vois qu'une *bénédiction* et non une *bénéfaction* ou un *bénéfice*, j'en conclus que, à l'égard du travail *pacifique*, l'Église ne sait pas même encore complétement ce qu'elle faisait à l'égard du travail *militaire*, lorsqu'elle bénissait les drapeaux, les canons, les travailleurs et les instruments de César. Je crois qu'elle peut ou, si vous voulez, qu'elle *pourra un jour* faire autre chose.

Avec vos arguments on pourrait soutenir plus parfaitement encore que l'Église aime beaucoup la guerre, qu'elle la protége et l'encourage ; ce qui serait presque un blasphème, pour vous, je l'espère, comme pour moi.

En fait, le but d'activité générale des sociétés de *ce monde*, à l'époque où parut Jésus, était la guerre, l'exploitation du vaincu par le vainqueur, de l'esclave par le maître ; ce but était avoué et pour ainsi dire *sacré* aux yeux de *ce monde* païen. Grâce à Jésus, depuis dix-huit siècles ce but sacré est devenu impie et n'est plus avoué par personne. *Ce monde aujourd'hui* n'a donc plus le même principe et le même but d'activité que le monde de l'époque de Jésus. Pourquoi dirions-nous encore que le royaume de Dieu n'est pas de *ce monde ?*

Vous ajoutez que l'interprétation des Pères et des Écritures est une chose sur laquelle notre sens individuel risque de s'égarer en se séparant de l'autorité de l'Église. Vous avez parfaitement raison, rien n'est plus délicat ; mais toutefois l'Église, comme on l'a souvent dit, a su tirer parti des hérésies elles-mêmes, non-seulement en montrant sa force ou sa patience lorsqu'elle les a détruites ou momentanément supportées (comme elle fait à l'égard du protestantisme aujourd'hui), mais en se modifiant elle-même, au moins dans sa discipline, pour combattre mieux l'erreur et pour patienter avec plus d'art.

Il me semble que vous mettez à défendre ce

que vous croyez être la pensée de l'*Église*,
contre ce que vous croyez n'être pas sa pensée,
un zèle de rivalité qui n'est pourtant pas dans
votre cœur, et qui je vous l'assure, serait d'ailleurs sans objet à mon égard. Lorsque vous
dites *nouvel* Évangile, *nouveaux* dogmes, *nouveaux* initiés, *nouvelle* révélation, *nouveau* ré-
vélateur, *nouveau* prophète, etc., vous paraissez croire que votre adversaire suppose que
l'Église elle-même n'annoncera plus de bonne
nouvelle, ne proclamera plus de nouveaux principes sociaux, n'initiera personne à des choses
neuves, enfin n'aura pas elle-même de *révélation*. Or, c'est précisément le contraire qui est
dans ma pensée; et, pour la faire mieux comprendre, je reprendrai votre critique de la phrase
où je disais que l'Église ne baptise plus ce qui
naît aujourd'hui. Vous me répondez qu'elle ne
doit baptiser que ce qui *est né* : alors vous avez
pris ma parole à la lettre ; car il est évident que
vous devez croire, comme moi, que l'Église ne
s'est pas toujours bornée à consacrer *ce qui
était*, mais que souvent elle a engendré, elle a
fait naître ce qui *devait* être, ne fût-ce que la
société féodale ou les croisades, et mille autres
grands faits humains qui sont nés sous l'in-

fluence de sa prophétique *parole*, de sa puissante *politique*, de ses admirables *prévisions*.

Depuis longtemps l'Église ne nous dit plus rien de l'avenir, mais ce n'est pas une raison pour croire qu'à jamais elle se taira sur ce sujet, ou pour méconnaître qu'autrefois c'était sa principale mission. Sans cela, on ne s'expliquerait pas comment elle n'aurait point consacré le paganisme qu'elle trouverait *né*, et on lui refuserait d'avoir engendré les sociétés actuelles, qui pourtant sont bien ses filles, grandes filles, il est vrai, touchant à l'âge de l'émancipation.

Déclarer, comme je le fais dans mes lettres, que l'on croit à l'Église une grande mission pour l'avenir ; espérer qu'elle ouvrira au monde, comme elle l'a toujours fait, la route de l'avenir, c'est-à-dire qu'elle *dévoilera* aux hommes ce qui lui aura été *révélé* à elle-même, leur destinée *temporelle*, comme elle l'a fait chaque fois que la société cherchait, non à détruire, mais à édifier, c'est peut-être croire en elle plus que n'y croit la raison des sages de ce monde, mais ce n'est pas y croire plus ni même autrement que vous n'y croyez vous-même, j'en suis sûr.

Or, est-il possible que cette inspiration, cette

excitation, et je dirai même cette révélation, soit donnée à l'Église autrement que par un prêtre, ou bien par un laïque, guérisseur de boiteux, de borgnes, d'estropiés dans *leur chair*. Vous paraissez croire que cela n'est pas possible, et que la lumière divine ne peut apparaître à l'Église que sous la forme où elle se montrait au monde il y a 1,800 ans, et surtout il y a 3,000 ans. Je maintiens que vous faites ainsi une loi bien étroite à Dieu, et je ne crois pas qu'il y ait un article du dogme qui vous en donne le droit.

Songez donc que les miracles n'ont jamais empêché qu'il y eût des hérésies et même des incrédules ; l'absence de miracles n'a pas empêché Mahomet *qui n'en faisait pas*, ni Luther, *qui n'en faisait pas non plus*, d'enlever à l'Église catholique, *qui en faisait encore*, des masses considérables de fidèles, appartenant pourtant à cette classe d'*esprits dégoûtés* dont parle saint Augustin.

C'est qu'en effet, un chamelier qui, à quarante ans, s'avise de vouloir s'emparer du monde, et qui, à soixante ans, en avait conquis une bonne partie ; un chamelier inspirant quelques hommes qui, en un siècle, s'emparent de la moitié du globe, est plus miraculeux que la guérison d'un

paralytique. C'est que le moine qui ose braver
le Pape et qui, en peu d'années, soumet à sa
pensée des têtes couronnées, est plus merveilleux que le miracle de *chair* de Nice ; en un mot,
c'est que Mahomet et Luther sont d'autres hommes que le père de Buffalo, dont j'estropie, sans
doute, le nom.

Ce sont des démons, direz-vous. — Soit ;
mais alors que l'Église prêche donc des croisades contre l'islamisme et des Saint-Barthélemy
contre les protestants ! Elle l'a fait ; pourquoi ne
le fait-elle plus ?

Parce qu'elle ne serait pas écoutée, direz-vous
peut-être. — Eh bien, non ! Elle-même, j'en
suis convaincu, ne juge plus aujourd'hui les fils
de Mahomet et les fils de Luther comme les
jugeait l'Église du xi⁰ et du xvi⁰ siècles ; elle-
même, pardonnez-moi de le dire, a laissé
attendrir son âme aux douceurs de la *tolérance*
prêchée en dehors d'elle par des hommes qui
n'étaient ni prêtres ni faiseurs de miracles, qui
n'étaient même ni mahométans ni protestants,
que dis-je ! qui se croyaient athées, et qui prê-
chaient pourtant au monde la volonté *actuelle*,
de Dieu.

Au nom de Dieu, mon cher monsieur, justice

pour tous ces hommes, qui, malgré leur propre injustice envers les œuvres de la foi chrétienne, ont propagé l'esprit de douceur et de paix de cette foi divine, sans soutane, sans miracles, mais avec dévouement et génie ! « Hors de l'É-glise pas de salut ! » n'est plus un dogme pour le XIXe siècle ; l'Église universelle ! mais c'est tout être qui vit sur la terre. Et ne dites plus que l'Église ne doit rien qu'à celui qui la prie ; pour la prier, ne faut-il pas qu'elle se montre bonne avant la prière ? ne faut-il pas qu'on l'aime ? ne *doit*-elle pas se faire aimer ? Pourquoi Jésus dit-il à trois fois : « Pierre, m'aimez-vous ? » Parce que celui qui devait paître les brebis du Seigneur devait se faire aimer de ces brebis comme il aimait lui-même son Seignenr.

Que le successeur de saint Pierre étende donc sa main sur le monde, non pour le bénir seule-ment, mais pour se faire bénir ; qu'il agisse *sur* et *pour* le monde. Ne vous blessez pas pour sa dignité, lorsque vous voyez un homme de bonne intention pour les hommes solliciter près de vous, enfant dévot de l'Église, un service du serviteur des serviteurs de Dieu, un service à rendre aux hommes du XIXe siècle ; et ne dites pas : « Si le service est à rendre, Dieu le sait et son Vicaire le sait ; quant à moi, je ne sais. » Ne vous mutilez pas, ne vous annulez pas à ce point ; l'Église n'en fait pas un devoir, à vous au moins qui la priez avec ferveur et obéissance entière.

Oui, l'œuvre *temporelle* de nos jours, celle qui mettra fin aux révolutions qui bouleversent les royaumes, c'est *l'organisation du travail ;* l'Église n'y peut rester étrangère ; et si je vous ai adressé mon livre sur l'Algérie, si je vous fatigue de mes longues lettres, si d'un autre côté vous avez pu me reprocher de faire dans mon livre, dans ma parole *publique*, une bien petite part à l'Église, c'est parce que vous pouvez convenablement et utilement prier la chaire de saint Pierre. — Adressés à vous dans l'intimité de notre correspondance, mes désirs, les motifs de mon espoir peuvent vous paraître monstrueux dans leur forme, ils peuvent même blesser vivement des coins délicats de votre croyance ; mais j'en suis certain, la loyauté, la bonté de mon intention ne saurait vous être suspecte, et vous pouvez l'interpréter avec votre cœur.

Vous vous défendez de l'influence de votre opinion politique sur la manière dont vous con-

cevez la conduite actuelle de l'Église, et pour me
le prouver, vous me citez un passage de la *Revue
indépendante* et les articles de Pierre Leroux.
Mais ce que je disais de vous, légitimiste, je le
dirais également des républicains Leroux ou
Lamennais. Vouloir que l'Église reste fidèle à
Henri V, ou vouloir qu'elle s'associe directement et immédiatement au prolétaire, c'est, selon
moi, vouloir deux choses également funestes,
c'est vouloir ce qui *fut* ou ce qui *n'est pas encore*
c'est méconnaître *ce qui est ;* c'est rester en
dehors du monde, en arrière ou en avant.

Malheureusement, les catholiques et les protestants républicains tels que Lamennais, me
paraissent avoir des regrets ou des espérances
sans réalité. La prudente sagesse de l'Église lui
a fait repousser les *rêves populaires* de Lamennais, et je crois qu'elle serait au moment d'exercer une grande et réelle action sur le monde, si
elle renonçait avec autant d'éclat aux *souvenirs
royaux* du légitimiste. Mais tout cela ne serait
encore que du négatif ; ce serait tout au plus
s'abstenir, et celui-là seul qui doute doit s'abstenir.

Lorsqu'on sera las de ne rien pouvoir faire,
dites-vous, on viendra l'implorer. — Cette su-

perbe impassibilité est-elle donc digne de l'humble Église du Christ? Est-ce que les peuples ne sont pas rongés d'égoïsme ? Est-ce qu'il y a un pouvoir respecté sur la terre ? Est-ce que les prisons ne sont pas combles de crimes, les hôpitaux repus de cadavres ? Et tout cela, n'est-ce donc pas une prière ? Permettez-moi de vous le dire, vous êtes dans un cercle tout aussi vicieux que celui où se trouvent les Rois qui croient qu'ils ne sont Rois que par la grâce du peuple, et qui attendent qu'on leur donne du pouvoir pour le prendre. Le génie ne reçoit pas sa mission par en bas, il n'est pas élu au scrutin populaire ; et si l'Église attend un brevet de puissance, sous forme de supplique, pour qu'elle daigne gouverner le monde, elle sera une Église constitutionelle, mais non une Église catholique et apostolique.

Dieu ! quelle distance il y a entre cette impassible attente et le fameux *Compelle intrare* d'une autre époque ! Quelle différence encore avec cette grande parole : « Je me suis fait Juif avec les Juifs... tout à tous pour les amener tous ! » A la bonne heure ! voilà qui est catholique et apostolique ! Mais, quoi ! sous prétexte qu'on vous traite comme on traite en Chine les mandarins condamnés à mort, de votre côté vous traitez le monde comme fait un enfant qui regarde l'agonie d'une souris noyée, et qui attend, pour la sauver, que ses forces soient épuisées et qu'elle fasse le *plongeon*. Pitié ? Non, l'Église ne sera pas à ce point impitoyable.

« Il ne lui suffit pas, ajoutez-vous encore, que l'on crie : La paix, la paix ! il faut proclamer celle qui vient de Dieu ! » Mais qui donc doit proclamer la paix de Dieu et la donner au monde si ce n'est l'Église ? Pourquoi ne nous dit-elle pas comment le bourgeois et l'ouvrier, le maître et le serviteur, le chef et l'inférieur, le Roi et le sujet, l'homme et la femme peuvent avoir la paix, et quel est le traité, la charte pacifique qu'ils doivent conclure, *de nos jours* ? Pourquoi surtout répond-elle : « Mon royaume n'est pas de ce monde, » lorsque évidemment ce monde désire la paix, a soif de la paix ?

Cette charte, direz-vous, c'est encore et toujours l'Évangile ! Oui c'est l'Évangile, comme l'Évangile fut la loi et les prophètes ; c'est l'Évangile traduit, interprété et enseigné à toutes les époques où l'Église a voulu agir sur le monde ; c'est l'Évangile, *selon l'esprit* qui anima toujours la papauté chaque fois qu'elle dépouillait

César de ses attributs, de ses moyens de violence, qu'elle lui *ôtait* au lieu de lui *rendre* ce qui pourtant était bien *à lui* ; c'est le même Évangile selon l'esprit, qui, malgré la réputation faite à la femme par le vieil évangile de Moïse, qui malgré la parole de Jésus à sa Mère, malgré l'ordre brutal de silence et d'obscurité donné aux femmes par Saint Paul, a relevé le front humilié de la femme et l'a conduite jusqu'au point de se croire l'égale de son seigneur et maître, devant Dieu et devant les hommes. C'est lui enfin qui, *contrairement à la lettre*, exerce depuis bien des siècles, dans la Rome des Césars, le pouvoir *temporel, la royauté de ce monde*, et qui, dans ce royaume modèle, a donné, non-seulement le précepte, mais l'*exemple* des mille progrès que la société à dû faire pour détruire peu à peu la loi générale, la *charte* des sociétés du passé, l'esclavage.

Eh bien, elle le fera encore m'allez-vous dire. Mais au moins ne prétendez pas que c'est moi qui désespère. Vous l'espérez, et moi je le demande ; mais vous l'espérez, et en même temps vous *doutez* qu'elle *doive* le faire ; moi, je le demande, parce que je suis certain qu'elle le fera quand ses fils dévoués, comme vous, lui diront :

« Mère ayez pitié du monde ! mère, n'attendez
pas plus longtemps que mes frères vous implo-
rent ! Ils vous *méconnaissent*, faites-vous reconnaître ; ils sont bien malheureux, mais non cou-
pables ; depuis trois siècles, ils ont vu un si
grand nombre de vos enfants les plus chers se
séparer de vous ! Ils vous ont vue traînée au
char de César, dépouillée de votre royale parure,
bâillonnée par leurs maîtres de la *parole*, et ils
vous croient dans une muette servitude. Ce ne
sont pas des miracles d'esprit ou de chair,
mais des miracles d'âme, des miracles de votre
inépuisable *bonté*, qui ouvriront leurs cœurs,
leurs yeux et leurs oreilles [1] ! »

Qu'entendez-vous par ces mots : « Saint Augustin ne demande pas *directement* au pouvoir
temporel des changements, des améliorations
dans la législation politique et civile ? » — Voulez-vous dire qu'il n'en fit pas l'objet d'un placet
à l'Empereur ? mais qui donc a jamais demandé,
sous cette forme, autre chose qu'une pension ?
Non ! il n'a fait ni placet au Roi, ni pétition à la
Chambre ; mais l'initiative de l'Église a été un
peu plus fructueuse, ce me semble, que celle de

___

1. Il ne fit pas là beaucoup de miracles, à cause de leur
incrédulité. (Saint Mathieu, xiii.)

14

nos députés et même que celle de la presse.
L'Église a plus couronné ou détrôné de Rois, a
plus confessé et inspiré de souverains, a plus agi
directement sur leurs conceptions et leurs actes,
que ne l'ont fait nos plus grands ministres consti-
tutionnels, qui pourtant changent directement la
législation politique et civile. Ah! vous dites qu'il
n'a pas demandé de loi pour l'abolition de l'esclavage; je le crois parbleu bien ; cette *loi* était
faite, il la prêchait ; et les fidèles à la loi, pour
le rachat de leurs péchés, pour le salut de leur
âme, pour éviter la *peine* infernale et mériter la
récompense céleste, obéissaient à la *loi* en af-
franchissant leurs frères.

Pour moi, ceci n'est pas un jeu de mots,
parce que, tout en distinguant bien qu'il y a eu
dans la société chrétienne des lois *dites* civiles
et des lois *dites* religieuses, il est évident que
plusieurs des lois religieuses entraînaient *très-
directement* des améliorations dans l'ordre civil,
si bien que, durant tout le temps où la *loi*
romaine avait été perdue, c'était en réalité
l'église qui *jugeait* dans l'ordre civil , malgré la suprématie *apparente* du seigneur
féodal; en un mot, comme le dit M. Guizot, ce
sont les évêques qui ont fondé *la société* euro-

péenne, religieusement, et aussi politiquement ;
ce sont eux qui ont changé la civilisation, aussi
bien que la religion de l'empire romain.

« Leur procédé, dites-vous, n'est pas brusque et tranchant. » — Cela vous plaît à dire, et
cela me plaît à espérer *pour l'avenir* ; mais il y
aurait bien quelque difficulté à convenir de la
chose pour *tout le passé*. Qu'est-ce donc que ce
partage du Nouveau Monde, par une ligne papale
tracée sur une carte, avant de savoir quels sont
les peuples qui vivent des deux côtés de cette
ligne ? Qu'est-ce que ces Rois excommuniés,
ces populations entières exterminées, parce
qu'elles ne voulaient pas ou ne voulaient
plus croire ? Qu'est-ce donc même que Pierre
l'Ermite prêchant des croisades, si ce ne sont
pas, à vos yeux, d'immenses révolutions tran-
chantes ? J'admets que ces révolutions étaient
dans les desseins de Dieu ; j'admets que les peuples, même ceux qui y périssaient, étaient *mûrs*
pour les réaliser ; toujours est-il que c'était
l'Église qui les inspirait, qui les faisait faire ; je
dis plus encore, qui les *dirigeait*.

Je vous assure que je ne demande pas et n'attends pas de l'Église quelque chose de brusque
et de tranchant. Pour vous donner une idée de

la patience que je veux et de la douceur que
j'espère, je vous citerai encore ces Juifs déici-
des, et je vous dirai avec saint Paul : « Leur
chute est devenue une occasion de salut pour
les gentils ; si leur chute a été la richesse des
gentils, combien leur plénitude enrichira-t-elle
le monde encore davantage ! Ce n'est pas vous
(gentils) qui portez la racine, c'est la racine
(juifs) qui vous porte. Si leur perte est devenue
la réconciliation du monde, que sera leur rappel
sinon un retour de la mort à la vie? » (*Rom. XI*).

Ce cri de rappel d'où partira-t-il? Saint Paul
dit-il d'attendre que les juifs prient? Certes
l'Église ne les aura pas rappelés *brusquement*,
elle y met le temps ; à moins que vous ne donniez le nom de rappel à l'auto-dafé, au mépris, à
la hache frappant sur la racine. Mais si les déi-
cides, un jour, pour le bonheur du monde, doivent être rappelés, ne rappellera-t-on pas aussi,
un jour, les protestants *papicides*, les révolutionnaires *régicides*, pour ramener les papes et
les rois de la mort à la vie ? Je conçois qu'à une
autre époque l'Église ait pu, ait dû même faire
exterminer des musulmans, des juifs, des In-
diens, des Saxons, et que ce soit ainsi qu'elle ait
prouvé sa puissance sur le monde, gouverné

alors par des *exterminateurs* ; mais encore une fois, le monde ne veut plus être gouverné par des bouchers ; le monde n'est plus le troupeau de César. A qui donc appartient-il ? à Dieu, au Dieu de la paix, non à celui des armées ; au Dieu du travail, non à celui de l'oisiveté *par droit de naissance* ; au Dieu juste, qui donne à chacun *selon ses œuvres* et non selon les œuvres *de son parent ;* c'est là aujourd'hui la religion *pacifique, laborieuse* et *juste* que le monde cherche, désire, appelle. Je suis sûr que l'Église entendra.

Eh ! n'est-ce pas là, mon cher monsieur, le *rêve* que vous faites vous-mêmes ? Ne vous dites-vous pas chaque jour : comment faire pour que la volonté de Dieu soit faite sur cette *terre* comme au *ciel* de paix, de prière (qui travaille prie), de justice, que m'a révélée Jésus-Christ ? Et croyez-vous qu'après s'être posé pendant dix-huit siècles ce divin problème, l'humanité ne le résoudra pas ? Vous confessez que vous ignorez la solution ; mais certainement Dieu vous a ordonné de la chercher, puisqu'il vous a enseigné ce désir *terrestre* dans la plus belle *prière* que l'homme puisse prononcer. « Que votre règne arrive ! » dites-vous ; or, quand il *viendra*, est-ce qu'il y aura, à côté de lui, *un autre* règne ?

Non ! Dieu ne nous a pas trompés ; il ne nous a pas dit de désirer son règne sur la terre comme au ciel, pour qu'à jamais le ciel et la terre soient séparés par des tempêtes, pour que l'ordre *religieux* et l'ordre *civil* soient entre eux ce que Dieu est à Satan, le bien au mal, la vertu au vice. Le ciel et la terre doivent communier à la sainte communion *d'égalité de mérite* ; l'esprit doit s'unir à la chair, la science à l'industrie, l'homme à la femme, par *amour réciproque*, et non comme un maître à son esclave. La divine promesse n'est pas un piége, n'est pas même un mensonge utile, offert à notre enfance ; avec l'aide de celui qui l'a faite, nous la réaliserons dans notre virilité.

Sur ce sujet inépuisable et en le traitant avec vous ma plume ne peut s'arrêter, il faut pourtant des bornes, surtout pour moi, que vous prendrez peut-être quelquefois pour un conservateur-borne, parce que j'ai parlé comme je l'ai fait de Louis-Philippe. Je terminerai donc par ce royal sujet.

Pour vous, comme pour moi, il y a de l'âme à *droite* et à *gauche*, et je reconnais qu'au *centre*, au ventre, l'âme est furieusement enveloppée dans une lourde et assez sale matière. J'aime, en un mot, beaucoup plus les légitimistes et les républicains que le juste-milieu ; mais je *voudrais aimer* le juste-milieu ; ce qui revient à dire que je voudrais que le juste-milieu devînt aimable, ou, plus généralement, que le gouvernement pût rallier à lui les souvenirs et les espérances de la France. Je crois que lui-même en aurait grande envie, mais qu'il ne *sait* pas comment *faire* et ne *peut pas même faire* ce qu'il *sait*. Toujours est-il que, par cela seul qu'il *est*, il désire *vivre* ; tandis que ceux qui *ont été* ou qui *voudraient être* songent plus à le tuer qu'à vivre eux-mêmes. Les légitimistes le traitent comme un enfant révolté et parricide ; les républicains voient en lui un père impuissant, lâche ; les premiers regardent la royauté de 1830 comme une bâtarde, les seconds comme une prostituée ; moi, je crois que c'est une assez bonne fille, qui va comme on la pousse ou comme on l'attire, quand il y a quelque chose à craindre ou à gagner, à droite ou à gauche, selon le vent qui souffle, mais surtout selon ce qu'elle croit être *son intérêt*, l'intérêt de *sa* conservation.

Une telle royauté, un tel gouvernement, me paraissent tout à fait providentiels pour opérer, dans le présent, une fusion du passé et de l'avenir, pour dégager de l'un et de l'autre les éléments trop *arriérés* ou trop *en avant*, et faciliter un contrat entre ces deux extrémités humaines. Le fait est que, depuis 1830, ce ne sont pas seulement des concessions passagères de tactique politique que les deux partis extrêmes se sont faites, c'est une justice plus équitable qu'ils se sont rendue ; c'est, sur certains points, une estime réciproque et presque une sympathie qui s'est établie entre ces deux mondes ; et l'un et l'autre commencent à comprendre qu'ils ont *droit* à leur part d'action dans la société, droit qu'ils étaient loin de s'accorder avant 1830.

Pour rentrer dans ma thèse sous la forme religieuse, je ne dirai pas que la religion en soit venue à aimer l'incrédulité, ni que l'incrédulité de nos jours aime beaucoup la religion ; mais je suis convaincu que l'incrédulité actuelle ne maudit plus, ne plaisante plus la religion, comme par le passé ; et, d'un autre côté, que la religion actuelle n'anathématise plus autant les hommes qui ne croient pas tout ce qu'elle croit.

Ces deux extrêmes peuvent-ils s'unir comme le veut M. de Lamennais? Je ne le crois pas. Peuvent-ils s'unir même comme le veut M. de Genoude? Je ne le crois pas non plus; ou alors ce serait pour renverser, bouleverser, révolutionner, mais non pour fonder. Et, au contraire, si les âmes d'élite, dans ces deux partis extrêmes, prenaient par la main droite et par la main gauche le ventre (sotte métaphore!), peut-être bien redonneraient-elles du cœur au ventre.

« L'Église sacrerait Louis-Philippe, dites-vous, s'il allait s'agenouiller sur les dalles de Reims. » — Mais vous savez bien que, s'il allait à Reims, il serait empêché, arrêté, que dis-je! assassiné peut-être au premier relais. Il *ne le peut pas,* et l'Église n'a jamais demandé au prisonnier d'aller chercher la communion à l'autel, ni au mourant de courir après l'extrême-onction. Quoi! vous voudriez que le roi se déclarât bon catholique, franc catholique, dévot! Vous vous méprenez donc bien sur la France de 1843! Comment, il ne vous suffit pas de la dévotion de la reine!

Vous m'avez cité Napoléon ; mais Napoléon réagissait contre Robespierre, tandis que Louis-

Philippe a été couronné en 1830 pour réagir contre Charles X : c'est tout autre chose, j'espère. Je me suis très-mal exprimé si, en vous parlant de sacrer ou consacrer la royauté nouvelle, vous avez pris la chose à la lettre, et avez cru que je songeais précisément à la forme Reims et Sainte-Ampoule.

Comme vous, je sais qu'il est des moments où il y a haute prudence et habilité à exercer de l'influence sans paraître gouverner, et c'est ainsi que l'Église pourrait, en ce moment, exercer une grande influence sur le gouvernement de la France, sur les affaires temporelles du monde, c'est-à-dire en agissant *sourdement*.

Entre nous, ceci ne peut faire difficulté ; mais que doit-elle faire *sourdement* ? miner le trône de 1830, ou le consolider ? Là est toute la question ; et surtout ne prétendez pas qu'elle s'abstient et doit s'abstenir : c'est impossible, cela n'est pas ! et quand bien même cela serait, comme le monde est loin de croire à cette abstention, comme il sait d'ailleurs que l'Église a toujours soutenu les trônes qui lui paraissaient *utiles* au monde, on en conclurait que l'Église considère le trône actuel au moins comme inutile, et l'abstention de l'Église contribuerait ainsi efficacement à le faire crouler.

Laissez-moi vous dire un rêve d'un de mes amis, rêve qui se prolonge depuis douze ans. Dans un moment de grande exaltation qui tenait presque du délire, cet ami me dit, une nuit où je le veillais, en 1831 : « Le Roi de Rome, le duc de Bordeaux, le duc d'Orléans, voici les trois nœuds de la politique qui vient de naître en 1830 ; et comme Dieu n'a pas encore dit comment l'avenir doit transiger *pacifiquement* avec le *droit* du passé, c'est sur le duc de Bordeaux que roulera la grande difficulté. » — Depuis lors Dieu a dénoué deux de ces nœuds, le roi de Rome et le duc d'Orléans sont morts. — Hier je rencontre mon ami pour la première fois depuis cette époque ; il me dit : « Vous rappelez-vous mon rêve de 1831 ? — Oui. — Eh bien, je vais le compléter : La papauté ne peut pas mourir ; le premier Pape qui a poussé le peuple aux croisades est un Pape français ; l'Église a toujours pratiqué une hiérarchie fondée sur le mérite, et non sur le droit de naissance ; la légitimité, qui était le droit du passé dans l'ordre temporel, est détruite *en fait* ; ce fait peut être consacré en *droit*, si Henri V s'asseoit sur la chaire de saint Pierre. »

Quelle que soit la valeur que vous puissiez attribuer à ce rêve, prenez-le, de ma part, comme simple hypothèse, par laquelle je veux rendre sensible une idée. Je sais que beaucoup de légitimistes, qui se croient très-catholiques, et qui sont pourtant gallicans, préféreraient, pour Henri V, le trône de France à la chaire de saint Pierre. Vous n'êtes pas probablement de ce nombre ; mais prévoir d'avance une élection de conclave, une décision future de l'Esprit-Saint, vous paraîtra pour le moins une prétention ridicule. — Je *suppose* donc que pareil événement arrive, et, comme dit mon ami, je préfère cette hypothèse à celle de la mort du duc de Bordeaux, parce que la mort est le secret de Dieu, et que cet élément doit rester étranger aux procédés de l'homme pour résoudre les problèmes humains.

Dans cette hypothèse, le parti politique auquel vous appartenez pourrait bien avoir contre Louis-Philippe un vieux levain de rancune pour le passé, mais il n'aurait plus de *prétendant* en espérance. Il est donc difficile de croire qu'aveuglé par une rancune *sans but d'avenir,*

le parti légitimiste ne se rattacherait pas, dans
le présent, à l'*autorité*, pour la renforcer, la
moraliser ; il est surtout impossible de supposer
qu'il emploierait ses forces à ébranler, à renverser le peu d'ordre qui nous reste, n'ayant
rien ni personne à mettre plus légitimement à
la place de ce qu'il tenterait de détruire. De
son côté l'Église plus que jamais protégeant
la France, l'Église, qui, comme vous le dites
vous-même, a su s'accommoder à des formes
diverses de gouvernement, commanderait aux
fidèles le respect et l'obéissance pour l'ordre
établi.

Si tout cela est vrai dans l'hypothèse que je viens
de faire, comment pouvez-vous penser que
votre opinion comme *légitimiste* n'influe pas
sur votre conduite comme *catholique ?* Est-ce
qu'au fond de votre âme, et sans vouloir toutefois y contribuer d'une manière évidente, exté-
rieure, flagrante, vous ne *désirez* pas que le
gouvernement actuel de la France passe dans
les mains de Henri V ? Or, vous savez bien que
ces transmissions ne se font pas à l'amiable, et
il se pourrait que le *désir* d'un homme tel que
vous, même sans être suivi d'*acte* positif, fût
tout aussi dangereux pour la politique actuelle.

que la révolte aveugle d'un malheureux qui court à l'émeute.

Au contraire, si vous n'aviez pas Henri V derrière vous, comme vous n'avez pas envie de couronner M. Thiers ou M. Arago, vous emploiriez vos efforts à consolider, tout en l'éclairant par une critique prudente, le pouvoir *tel quel* qui régnerait sur la France ; et vous, qui priez avec ferveur, vous imploreriez Dieu et l'Église pour faire descendre sur ce pouvoir la lumière. Henri V, devenu Pape, vous l'ordonnerait, comme l'ont ordonné tous les Papes quand ils ont voulu sauver les royaumes de révolutions menaçantes.

Oui, mon cher monsieur, le temps des *détrônements* est fini, et les personnes qui voudraient détrôner le successeur de saint Pierre ne sont pas plus de ce siècle que celles qui voudraient détrôner le successeur de Mahomet, ou seulement Louis-Philippe. Est-ce que vous avez oublié ce grand mot qui est le signe le plus divin peut-être du christianisme : *conversion ?* Faites *tourner avec* vous et *vers* vous les musulmans et les ventrus, mais ne les *décapitez* pas, ne les éventrez pas ; une *conversion* vaut mieux qu'une *révolution*. Voltaire

a dit : « Bâtir est beau, mais détruire est
sublime ! » C'est l'inverse qui est la vérité.

Dites-moi donc assez ! assez ! car je ne fini-
rais jamais.

P. E.

CCCXL^e LETTRE

A M. ALBERT DU BOYS

Paris, 21 avril 1843.

Mon cher monsieur, puisque c'est moi qui
prétends que l'Église a toujours eu la sagesse
d'intervenir ou de ne pas intervenir directement dans les affaires du monde, ou, en termes
plus nets, dans la politique, je n'ai pas dit
qu'elle ait jamais regardé cette intervention
comme un *devoir absolu*, et vous ne m'ap-
prenez rien en me disant que saint Augustin
a refusé au comte Boniface de se mêler de
ses affaires temporelles. De votre côte, vous
soutenez que, lorsqu'elle y est intervenue, c'est

ou pour son *malheur* (épiscopat corrompu par ses richesses), ou par *nécessité* (royauté temporelle du pape), et que, dans tous les cas, c'est par *dérogation* au principe de division des pouvoirs, que vous regardez comme fondamental.

Lors donc que je montre les nations chrétiennes *fondées* par un épiscopat très-*politique*, c'est vous qui me répondez que cet épiscopat a failli perdre l'Église; lorsque je cite la royauté papale comme ayant donné au *monde* des exemples *temporels* précieux, vous me parlez du gouvernement actuel des *États romains* presque comme en parlait au xvie siècle un huguenot. De sorte que c'est moi qui suis le défenseur des grands *actes* de l'Église, et c'est vous qui les condamnez, ou tout au plus vous vous y soumettez. Il y a là un mystère auquel je vous prie de réfléchir.

Vous me demandez où j'ai pris que le *nunc regnum meum* ait été altéré par l'Église. — Je n'ai pas dit qu'on ait *altéré* nunc; j'ai dit qu'on avait *supprimé* maintenant. Vous me répondez à cela que l'Église ne parle pas français, mais latin. — En vérité, la réponse n'est pas péremptoire, puisque je n'ai pas dit que l'Église avait changé la parole latine. Qu'ai-je voulu dire? qu'elle laissait écrire et dire en *langue vulgaire*, qu'elle laissait *prêcher*, qu'elle autorisait à *enseigner* une *traduction* excessivement LIBRE de la parole latine ; et j'en conclus, ou qu'elle attache fort peu d'importance à ce fameux *nunc*, ou bien qu'elle y en attache une fort grande et fort dangereuse ; car généralement elle n'aime pas qu'on supprime dans l'Écriture ce que les traducteurs *s'amuseraient* à supprimer. Vous pensez, sans doute, que si elle tolère cette suppression générale de la traduction de ce mot *nunc*, c'est qu'elle n'y attache pas d'importance ; je suis tout disposé à être du même avis que vous sur ce point, mais je crois qu'il peut venir un moment où cette suppression paraîtra fâcheuse à l'Église, et que ce moment est prochain.

Sans doute, vous avez le droit de dire le sens que vous attachez à vos prières ; je ne conteste même pas du tout le sens que vous y attachez ; j'espère seulement que l'Église y attachera (et vous, par conséquent, après elle), outre ce sens personnel, un sens plus *directement efficace* pour la conduite que doivent tenir *sur la terre* les enfants de la terre, comme vous les nommez, qui croiront en Dieu et l'aimeront.

Vous me répondez au sujet de la foi au purgatoire, dans laquelle je vous signalais un *progrès* de la croyance humaine, que le purgatoire est simplement un *mot* créé pour un dogme déjà existant. — J'aurais préféré que vous réfutassiez ce que j'avais dit sur le symbole de saint Athanase, chose capitale; mais, je le vois bien par votre réponse, nous n'arriverions sur ce point qu'à une véritable discussion de *mots*. Je suis, en effet, convaincu, comme vous, que tout *dogme* (religieux ou philosophique) renferme en lui toutes ses conséquences; donc, lorsque vous dites qu'il n'y a pas eu de progrès dans le dogme chrétien, depuis dix-siècles, je l'admets avec vous, en ce sens général et très-métaphysique, savoir : que les conséquences les plus immédiates se sont vues les premières, d'autres après, et plus tard enfin les conséquences extrêmes. Sans cela, je le répète, il serait impossible de s'expliquer les discussions célèbres et les décisions des conciles, lorsqu'elles ont eu pour objet des points de dogme, et lorsque ces solutions enfantaient, à l'instant, des pratiques, des prières, un culte, une discipline, inconnus précédemment.

Vous me faites une mauvaise *guerre*, pour ce que j'ai dit de la guerre et de la bénédiction des drapeaux ; car vous savez, au moins aussi bien que moi, que plusieurs fois on chantait en même temps un *Te Deum*, à Vienne ou à Madrid et aussi à Paris, pour une même bataille où des catholiques français s'étaient égorgés avec des catholiques autrichiens ou espagnols. Si donc l'Église a béni les drapeaux des deux côtés, ce n'est pas pour témoigner, comme vous le dites, son adhésion à telle ou telle guerre ; sans cela l'Église aurait des adhésions contradictoires, ou bien il faudrait admettre que ces bénisseurs de drapeaux, ces cathédrales en glorieuse fête, au moins de l'un des deux côtés, n'étaient ni des prêtres ni des églises du catholicisme. Remarquez bien que je ne fais pas un crime à l'Église *d'avoir béni* des drapeaux, ni même d'avoir *consenti* au règne de César ; mais je la félicite d'avoir contribué, plus que qui que ce soit au monde, à *détrôner* César, à briser son épée, à dégoûter l'humanité de la guerre, qui était, avant l'Église et longtemps encore *à côté d'elle*, la grande passion des hommes, la vie des héros. L'Église a créé des héros *pacifiques* merveilleux, qu'elle a présentés au monde, en parallèle des demi-dieux du paganisme et des plus illustres lieutenants de César; et Mars a été vaincu par saint Paul; et, comme vous le dites, Napoléon par Pie VII.

Sans doute, la guerre n'est pas finie pour les hommes; nous espérons, vous et moi, que les nations catholiques sont bien près de ne plus se battre entre elles, ce qui serait un bien grand progrès fait par une partie importante de l'humanité; toutefois, il se peut qu'il y ait des orages qui grondent; mais, vous le dites fort bien, qui grondent du côté de la barbarie.

Vous qui êtes laïque et non pas prêtre catholique, vous parlez de tirer le glaive, malgré la parole formelle de Jésus à saint Pierre; mais vous savez bien que, de nos jours, les prêtres ne tireront pas l'épée, quoique quelques-uns, aux temps féodaux, aient porté la cuirasse. Or, c'est de l'*Église* que je vous ai parlé, et celle-ci sait mourir martyre sans tirer l'épée; toujours elle a cru que son sang avait pouvoir d'aider à la conversion de ses bourreaux, plus puissamment que l'épée de César.

Supposez donc, dans notre correspondance,

que ce n'est pas à un laïque, mais à un prêtre,
que j'écris. Au prêtre, je demande s'il ne croit
pas, du fond de l'âme, que les efforts de l'Église
pendant dix-huit siècles, ont contribué puissamment à dépouiller l'homme de sa barbarie, et,
par conséquent, à délivrer progressivement le
monde du règne du *sabre*. Si ce prêtre me
répond : oui, comme j'en suis convaincu, je lui
demanderai avec *quoi* les hommes seront gouvernés quand le monde ne sera plus sous le
règne du sabre, ou, en d'autres termes, quelle
sera alors la *politique*, quel sera le *gouvernement* de cette cité de paix, de cette cité de Dieu,
dont le règne pourra *alors* arriver sur la terre.
Veuillez, je vous prie, tenir votre correspondance entre ces deux termes, l'un de bénédiction pour le passé qui a détrôné progressivement la *guerre*, l'autre d'aspiration vers l'avenir
qui doit introniser la *paix*.

C'est pour cet avenir que je compte avant tout
sur l'Église de paix, et cela est bien naturel.
Mais vous me pressez et vous me dites : « Que
croyez-vous donc qu'elle doive faire? Elle fait ce
qu'elle peut, elle est liée. » — Je ne le crois pas,
et voilà ma raison : c'est que jamais les liens,
quels qu'ils fussent, jamais le bûcher, les croix,

les tenailles, les bêtes du cirque, n'ont empêché
l'Église de proclamer ce qu'elle avait dans
l'âme. Or, le jour où l'Église déclarerait simplement que les traducteurs de *nunc regnum
meum* sont des ignorants ou des faussaires, et
que la traduction véritable est : *maintenant* mon
royaume n'est pas de ce monde, ce jour-là
l'Église, selon moi, aurait fait un pas dont les
conséquences me paraissent immenses ; et certes
vous ne pourrez pas me dire que j'attache une
importance bien grande à un mot, vous qui
savez ce que c'est que le *verbe.* Cependant
vous avez cru que j'exigeais de l'Église toute
autre chose que ce qui était dans ma pensée ;
vous avez cru, quoique vous en disiez, que j'attendais d'elle ce qu'on appelle, de nos jours, des
œuvres politiques éclatantes. — Pas le moins du
monde ! J'attends qu'elle sente et qu'elle dise
que, grâce à elle surtout, l'humanité s'approche
du règne de la paix, du règne de Dieu ; j'attends
qu'au lieu de gémir sur son passé perdu, elle
jouisse, dès ce jour, d'un avenir immanquable ;
j'attends qu'au lieu de maudire, elle bénisse les
germes de cet avenir, quels que soient les ordures et le fumier qui les entourent ; je souffre de
voir la mère du monde pleurer, et j'ai soif de

son sourire. Dieu ! que l'Église sera belle quand elle célèbrera, non plus les triomphes de César, mais son propre triomphe *par César lui-même,* sur tous les hommes des batailles !

Comme dans ma lettre précédente, je vous prie de maintenir, autant que nous le pourrons, notre discussion sur ce point ou du moins autour de ce point ; je demande que vous vouliez bien examiner avec moi ce qui pourrait résulter du rétablissement officiel et orthodoxe du mot *maintenant* dans l'enseignement et la prédication de la parole chrétienne, en supposant que cette *correction* ne fût pas seulement une correction de prote, un acte d'amour envers la lettre, mais aussi une œuvre de l'esprit.

« C'est à la *fin des temps,* dites-vous, quand Jésus viendra juger les hommes, que son règne sera reconnu, et les Actes des apôtres prouvent que le Saint-Esprit est déjà venu. » — J'admets tout cela comme vous ; mais qu'est-ce que la *fin des temps ?* ou même si vous voulez, la *fin du monde ?* Et puis, l'Évangile dit-il que le Saint-Esprit ne viendra qu'*une seule fois ?* N'est-ce donc pas à l'Église qu'il appartient, non-seulement d'interpréter la parole, mais de montrer les signes des temps ? Quand même elle aurait cru et enseigné que la venue du Saint-Esprit au milieu des apôtres était suffisante et définitive pour dire *toute vérité* aux hommes qui, de la bouche de Jésus, n'avaient pu *recevoir et por-ter toute vérité,* existe-t-il une défense formelle qui s'oppose à ce qu'elle croie *maintenant* qu'elle a encore des vérités à apprendre de l'Esprit-Saint, et qu'elle peut invoquer sa venue? Est-ce que sans cesse elle ne le fait pas, non-seulement pour les élections papales du conclave mais même à l'ouverture de la Chambre des députés, dans la messe du Saint-Esprit?

La fin des temps, dans votre pensée, c'est, sans doute, le moment où, pour l'homme, il n'y aura plus de *terre*, mais bien un *ciel*, et vous dites qu'alors le règne de Dieu viendra ; mais pourquoi donc avoir demandé qu'il arrive sur la *terre* comme dans le ciel? Est-ce que cette parole serait trompeuse ?

Vous savez bien que je ne sollicite pas l'Église de *pousser les ouvriers à la révolte contre les maîtres,* puisque je blâme l'un de ses plus grands fils, égaré selon moi, M. de Lamennais, d'avoir voulu faire *rentrer l'Église dans le monde* par *en bas* seulement, tandis que je crois qu'il faut faire *entrer le monde dans* l'Église avec ordre, appelant d'abord les *premiers* du monde, et ensuite les *derniers*, pour pouvoir modifier, s'il y a lieu, cet *ordre* du *monde* dans l'Église même, et, par conséquent, pacifiquement.

Au maître, dites-vous encore, l'Église conseille d'améliorer le sort de l'ouvrier. — J'en suis parfaitement convaincu ; mais croyez-vous franchement qu'elle se soit contentée jadis de conseiller au maître l'amélioration du sort de l'esclave? Moi, je suis convaincu qu'elle lui a conseillé de *l'affranchir*, et il l'a fait. Or, *l'affranchissement* était une condition première et indispensable de l'amélioration du sort de l'ouvrier et du serviteur des sociétés anciennes. N'y aurait-il pas une condition analogue à conseiller aujourd'hui aux maîtres pour améliorer le sort de l'ouvrier; et cette condition, l'Église la connaît-elle, la prêche-t-elle, la conseille-t-elle?

Cette condition, à ce que je crois, c'est d'ASSOCIER l'ouvrier au maître.

Figurez-vous donc, je vous prie, que l'Église prêche *l'association* comme elle à prêché *l'affranchissement*; qu'elle en fasse un mérite aux barons *industriels*, comme elle en a fait aux barons *féodaux* ; qu'elle offre à ces barons le rachat de leur âme pour leurs millions consacrés à cette œuvre ; peut-être ne convertira-t-elle pas tous les barons, mais certes, il s'élèvera du sein de nos fabriques empestées, du fond de nos mines étouffantes, de la boue de nos villes, des chaumières misérables de nos paysans, un concert de bénédictions pour la bonne Mère du pauvre ouvrier salarié, du journalier, du prolétaire, de l'esclave du siècle.

Alors croyez-vous donc que l'Église aurait les mains liées, que nos bourgeois philosophes oseraient se moquer d'elle, que nos diplomates incrédules auraient l'audace, eux qui sont si craintifs, de s'opposer à des synodes, à des conciles où s'agiteraient les principes [de cette société, de cette *association* nouvelle entre le peuple et ses maîtres, les principes de la politique humaine et divine à la fois, puisqu'elle serait pacifique ? Croyez-vous que la foule libérale qui, aujourd'hui, répète avec M. Philippe Dupin : « Prenons garde, contenons l'Église ! elle veut encore nous envahir ! » ne s'écrierait pas, au contraire : Gloire et place à l'Église ! elle parle au nom de Dieu, car elle vient ASSOCIER le pauvre au riche, le serviteur au maître, l'ouvrier au chef d'atelier, le fermier au propriétaire, tous les hommes entre eux !

Vous le voyez, mon espoir est que l'Église *dira* plutôt qu'elle ne *fera;* car j'admets très-bien que son arme actuelle, son arme principale, soit la *parole* plutôt que l'*action*. Si donc elle doit pratiquer elle-même l'association, ce ne sera d'abord, selon moi, que comme exemple ; et quoi que vous disiez du gouvernement papal de Rome, comme je me rappelle fort bien qu'aux temps passés, plusieurs fois, Rome donna des exemples *temporels* au monde ; comme je sais même l'influence de Léon X sur toute la chrétienté sous ce rapport, et que je n'ignore pas non plus l'influence des ordres *travailleurs*, ni même celle des ordres militaires sur la société civile, je crois que ce gouvernement, que vous dites paternel jusqu'à la faiblesse aujourd'hui, pourrait redevenir encore de la plus paternelle grandeur.

Vous me trouvez inexact dans mon appréciation de Mahomet ; et moi, je vous trouve aussi injuste envers lui et envers le Coran que les personnes qui, d'après les massacres racontés par la Bible, prennent Moïse pour un barbare, chef de barbares, et ne tiennent aucun compte

de l'état de l'humanité à cette époque, ni surtout des grandes choses enfantées par ces barbares et par leur chef. A mon tour, je vous
dirai que les miracles imaginés par les docteurs
musulmans ne sont pas de dogme musulman, et
sont même contraires au dogme, puisque le
Coran dit positivement que Mahomet n'a pas le
don des miracles. Laissez donc Voltaire plaisanter sur la lune coupée en deux et enfilant les
deux manches du prophète ; laissez pis que
Voltaire jouer avec l'épilepsie d'un homme immense. Chrétien, soyez donc juste ! Homme
de loi, soyez donc juste ! Historien, soyez donc
juste !

La grande hérésie d'Arius n'a été détruite,
toutes celles qui désolaient l'Orient et qui nour-
rissaient dans cette partie du monde la *guerre
civile*, n'ont été vaincues que par Mahomet. Des
peuples fétichistes, antropophages, idolâtres, ont
été élevés à la croyance en l'unité de Dieu par
l'islamisme. La condition des femmes, libres ou
esclaves, a été mille fois meilleure par l'islamisme qu'elle ne l'est encore chez les sectateurs
de Brahma et de Bouddha, et chez les idolâtres
de toutes les époques. Le Coran est un sublime
cantique d'adoration pour la *science*, quoique

bien des gens le considèrent comme l'éteignoir
de l'intelligence ; ceux-là oublient, en voyant l'i-
gnorance actuelle des musulmans, que le christianisme était tout aussi ignorant alors que l'islamisme apportait à l'Occident la lumière. Enfin,
lorsque tant d'Européens, fils de chrétiens, considèrent Jésus-Christ comme un jongleur et la
Bible comme une fable, n'êtes-vous pas saisi
d'admiration devant ces musulmans d'Asie et
d'Afrique, aussi nombreux que les chrétiens
d'Europe, qui regardent Jésus et Moïse comme
plus puissants auprès de Dieu que Mahomet lui-
même ; qui tous attendent, au jour du jugement,
la venue du Christ, et ne prononcent qu'avec
respect le nom de sa mère ?

Mais que ceci ne nous éloigne pas de notre thèse
principale, ou plutôt rentrons-y par le Coran lui-
même. — Que l'islamisme soit considéré comme
une hérésie, que Mahomet soit le Luther de l'O-
rient, je le veux bien. Mais quand donc l'Église
prendra-t-elle, pour envahir et convertir le monde,
puisque cet avenir lui est promis, une autre voie
que la conversion par l'extermination ou par l'in-
jure ? Quand donc reconnaîtra-t-elle que tous ont
cultivé la vigne du Seigneur comme ils *pouvaient*
la cultiver, alors que le monde devait être divisé

entre deux principes contraires et non harmoniques, entre la paix et la guerre, et non point
entre l'*esprit* pacifique et la *chair* pacifique,
entre la *science* et l'*industrie?*

Vous ne m'avez rien répondu sur ce que je
vous disais de votre prédilection du *spirituel* sur
le *temporel*, de l'*esprit* sur la *chair*, et pourtant là est la question : il est évident qu'aussi
longtemps que temporel signifiera guerre, ou que
chair sera synonyme de libertinage, le spirituel
tendra à dominer le temporel, l'esprit à écraser
la chair. Mais pourquoi donc, vous qui reconnais-
sez qu'on peut errer, pécher, se perdre autant par
l'esprit que par la chair, ne reconnaissez-vous
pas qu'on peut se sauver par celle-ci aussi bien
que par l'autre? C'est que vous avez une politique et une métaphysique soumises encore à
l'influence du *monde* tel qu'il était quand parut
Jésus, du monde de guerre et de débauche des
païens ; et vous ne voyez dans le temporel que
César, dans la chair de l'homme que le démon,
malgré la venue de celui qui devait triompher de
César et de Satan.

Est-ce à dire que le glaive soit déjà transformé
en soc de charrue, et que le jour de la résurrection de la chair purifiée soit celui qui nous

éclaire? — Dieu me garde d'être aveugle à ce point! Je sais que le mal est un des attributs de l'être fini, et que partout et toujours il y aura, parmi les hommes, la guerre sous une forme quelconque, et le péché par la chair aussi bien que par l'esprit; je reconnais aussi qu'en ce moment la guerre a encore une espèce d'auréole sacrée, même pour vous, excellent chrétien, et que la chair est toujours assez dégoûtante. Mais ne pas croire que le jour approche où la guerre entre les hommes perdra cette auréole sacrée, et sera stigmatisée comme un crime, au lieu d'être glorifiée, cela me paraît impossibe; tout mon être s'y refuse. J'espère... je crois en la puissance de la parole de paix, plus que vous-même; je suis certain qu'un jour faire la guerre à l'homme, sous quelque forme que ce soit, ce sera le *mal*, ce sera le *crime*, inhérent à la nature finie de l'homme; enfin je crois que Dieu ne sera plus le Dieu des armées qui détruisent et qui tuent, mais le Dieu des armées qui produisent et qui font vivre.

Et de même, l'on péchera encore et toujours par la chair, mais tout autant par l'esprit; et cependant la force, la puissance, la beauté de la chair, seront aussi les grands signes de la volonté du Dieu qui a donné à l'homme la mission de faire de la terre un *Éden* digne de son *règne,* afin que sa volonté y soit faite comme au ciel.

Tertullien s'efforce de nous montrer que Jésus était laid, chétif, presque difforme. Je comprends son *argument* sans y croire, et, grâce à Dieu, toutes les traditions de l'Église n'ont pas osé confirmer la logique défigurante de Tertullien. La nature humaine répugnait à cette inflexible conséquence d'une croyance aveugle et incomplète, et nos poëtes et nos peintres n'ont pas encore inventé de plus *belles* figures que celles de Jésus et de Marie.

Gloire donc aux hommes qui aiment à *incarner* divinement la *bonté* et l'*intelligence*, qui veulent embellir la terre et l'humanité, les enrichir l'une et l'autre, leur donner les moyens et la force de rendre à Dieu un *culte* digne de lui! Gloire à ce *temporel* qui crée et féconde, et non plus au temporel destructeur qui ravageait la terre et fauchait l'humanité! Gloire à l'*industrie*, aux sciences *physiques*, aux *arts!*... Mais l'Église en apeur; devant eux, elle est toujours tentée d'employer le goupillon de l'exorcisme; elle voit Satan derrière ces puissances du siècle; elle ne sent pas que c'est *avec ces puissances qu'elle vaincra Satan,* et elle se plaint de ce que César ne lui prête pas son pouvoir pour repousser celui du *prince du monde*, comme si Satan et César n'avaient pas toujours été deux bons amis.

Et lorsque César se fait épicier, elle ne s'écrie pas : Hosanna! le jour de la paix arrive! La couronne de César est un bonnet de coton; son épée, un mètre; sa balance de justice, une balance au kilogramme (mesure *universelle*); son sceptre, une houlette de bouvier et de berger; et ses lieutenants font des chemins de fer et des canaux, vendent du poivre et du coton; et ses plus grands ministres n'ont point enfoncé des bataillons, pourfendu des héros; ils ont été journalistes et professeurs!

Comment, diable! voulez-vous donc qu'on vous fasse des Rois, si vous n'êtes pas contents de celui-ci, messieurs les hommes de paix? César est peureux, dites-vous! Eh bien, faites-lui donc peur, puisque cela est si facile. Dites à César que les épiciers qu'il gouverne doivent *associer* avec eux leurs garçons de boutique, vous verrez la mine qu'ils feront tous, Roi, épiciers et garçons; moi, j'aime à croire qu'ils n'attendent que votre parole pour fonder cette association, cette véritable société : tout est prêt, maîtres et garçons; mais parlez donc!

J'ai écouté M. de Ravignan et M. Deguerry, je ne leur ai pas entendu tenir ce langage ; cependant je dois avouer, et de grand cœur, avec vous que, *si l'on ne fait pas, si l'on ne dit pas précisément ce que je désire*, on fait sinon *beaucoup*, au moins quelque chose ; et je crois même que, malgré le grand talent des prédicateurs actuels, il serait difficile de s'expliquer l'intérêt qu'ils excitent, si ce *quelque chose* n'était pas dans leur parole.

Au reste, je ne m'en défends pas, j'aime assez à danser plus vite que le violon ; mais ce sont ces danseurs-là qui indiquent qu'il faut presser la mesure quand cela devient nécessaire, parce qu'ils sont toujours très en avant du commun des danseurs, ou des martyrs.

Voilà encore pourquoi nous ne nous entendons pas non plus sur la division des pouvoirs *temporel* et *spirituel*, quoique nous admettions, vous et moi, comme Synésius, que la même personne ne doit pas s'occuper des intérêts *spirituels* et des intérêts *temporels* de l'homme. C'est que ces deux mots n'ont pas pour vous et pour moi la même valeur, et surtout la même valeur relative ; c'est que si, au lieu d'un simple *dualisme*, spirituel et temporel, vous songiez qu'il y a en nous une *trinité*, le mot spirituel se transformerait pour vous simplement en *intellectuel* comme l'autre en *charnel;* et alors vous chercheriez quelque chose au-dessus de l'esprit et de la chair, RELIANT l'un et l'autre, donnant à l'un et à l'autre leur *moralité* d'être, leur VIE; vous vous rappelleriez qu'entre toute chair et tout esprit il y a une AME, un AMOUR, qui les fait UN EN TROIS PERSONNES. Alors vous pourriez avoir dans la pensée un clergé *régulier, penseur*, et un clergé *séculier, agisseur;* mais vous songeriez que, pour GOUVERNER ces deux espèces, ces deux natures différentes d'hommes, il faudrait entre eux un clergé qui aimerait avec UN ÉGAL AMOUR la *pensée* ET l'*action*. Or, ceci est le vrai clergé, le clergé par excellence; les deux autres, ce sont tout simplement des savants et des industriels religieux, mais ce ne sont pas des prêtres, des GOUVERNANTS.

Je vous l'ai déjà dit : spirituel et temporel, pour vous et même souvent à votre insu, c'est le dualisme du BIEN et du *mal*, de l'ÉTERNEL et du *temporaire*, de l'INFINI et du *fini*, de l'ABSOLU et du *relatif*. Il n'est donc pas étonnant qu'à l'un des termes vous donniez la préférence sur l'autre. Mais permettez-moi de vous dire que ce n'est pas

là un dogme *trinitaire*, c'est du *manichéisme.*
J'ose vous l'affirmer, le dualisme n'existe que
dans l'ordre *fini* et par *abstraction ;* c'est la TRI-
NITÉ seule qui lui donne la VIE ; le moi et le non-
moi existent, mais c'est à la condition que ni l'un
ni l'autre n'est Dieu, et qu'ils se sentent *unis en
Dieu* l'un et l'autre ; en un mot, il faut aimer son
prochain comme soi-même, mais DIEU par-dessus
son prochain et soi-même.

De même, les travaux *spirituels* et les travaux *matériels* sont également saints, pourvu
qu'ils soient *animés*, inspirés, GOUVERNÉS par les
représentants directs de l'AMOUR DIVIN, et non pas
seulement par les princes de l'*esprit* ou les
princes de la *chair*. Pourquoi alors n'espérer
point que l'Église GOUVERNERA le spirituel et le
le temporel à ce titre, c'est-à-dire sans faire elle-
même du *spirituel* ou du *temporel*, mais en
faisant faire aux hommes de l'esprit et aux hommes de la chair, dans leur religieuse association,
l'ŒUVRE COMMUNE ? Que si, au contraire, les hommes de l'esprit se plongent dans leurs *abstrac-
tions*, et ceux de la chair dans leurs *concré-
tions*, sans être rappelés à l'UNION de l'abstrait et
du concret, de la théorie et de la pratique, à
l'UNION VIVANTE de l'esprit et de la chair à la VIE

HUMAINE, telle que Dieu nous l'a donnée et nous l'a révélée, bientôt la lutte entre eux se déclare, la bataille a lieu, puis la mort sans COMMUNION.

Je vous demande de me dire si ceci vous paraît contraire au dogme chrétien. Je ne le crois pas ; et pourtant je dois avouer que ce n'est pas ainsi, aujourd'hui, que l'on fait généralement, à la métaphysique et à la politique, ni même à la morale, l'application de la parole de saint Jean et de saint Augustin, ces deux grandes colonnes du dogme !

Je le répète encore, l'*esprit*, en tant que l'intelligence finie, humaine, est aussi pécheur que la *chair* bornée, limitée, transformable de l'homme ; le temps est de son domaine, mais non l'ÉTERNITÉ, de même que la chair est un point de l'*espace*, mais ce n'est pas l'IMMENSITÉ. La science conduit à DIEU et vient de lui, sans aucun doute ; mais l'industrie élève à Dieu et descend de lui, sans aucun doute aussi. Et ce qui donne au *temps* et à l'*espace*, le mouvement ; à la *chair* et à l'*esprit*, la vie ; à la *science* et à l'*industrie*, la MORALITÉ, c'est Dieu, par ses agents directs de mouvement, de vie, de moralité, par ses AIMANTS, qui rapprochent ou séparent ces *deux éléments* de l'être fini, pour les faire converger harmoniquement et progressivement vers l'infini ; en un mot, par ses prêtres.

Quelqu'un me disait dernièrement que j'étais un homme d'*intelligence*; je l'en ai remercié mais en lui répondant que j'aurais préféré qu'i vît en moi un homme de cœur. Là est toute la question métaphysique ou dogmatique que je viens de traiter avec vous ; là est l'explication de mon unitarisme trinitaire, qui repousse votre dualisme sans unité et sans trinité.

Que l'Église soit l'ame de l'humanité, quel sera le philosophe qui, au nom de l'*esprit humain*, ou le politique qui, s'appuyant sur les *intérêts matériels*, osera se présenter comme pouvant entrer avec l'ame en partage du gouvernement des hommes ? Que la *matière* soit la rivale de l'*esprit* et réciproquement, c'est leur nature ; mais leur rivalité peut devenir une émulation sainte et non une guerre, si un même amour religieux les anime, s'ils tendent vers un même but : l'amélioration *intellectuelle* et *physique* de l'homme, par et pour son élévation morale.

Morale, *dogme* et *culte*, voilà toute la religion humaine ; désignez les représentants de cette sainte trinité humaine par quelque nom que vous voudrez ; mais j'affirme qu'il y a là trois fonctions qui se partagent le GOUVERNEMENT, la *législation* et l'*administration* de la société humaine, et qui toutes trois sont nécessaires, indispensables, légitimes.

J'ai à vous demander grâce, mon cher monsieur, pour la longueur démesurée de mes lettres; j'ai peur que vous ne les trouviez plus *matérielles* que *spirituelles*, et qu'elles ne donnent pas grand goût à la *chair* que je vous offre en pâture. Vous me conviez, par votre espoir, à une *communion* sainte; j'espère, de mon côté, que la communion, sans cesser d'être pour l'homme un insondable mystère, ne sera plus seulement pour lui un symbole, mais qu'elle deviendra une réalité. Je crois que le corps de Jésus-Christ, après avoir servi de levain à la *chair humaine* pendant dix-huit siècles, lui a donné un ferment de vie qui la rend aujourd'hui aussi sainte, aussi saine que l'*esprit* lui-même, et qui permet à l'homme de *toucher* Dieu, aussi bien qu'il lui est permis de *comprendre* l'incompréhensible, imparfaitement, il est vrai, mais avec adoration, je dirais presque avec la même idolâtrie, car l'esprit aussi a son idolâtrie. Dans cette communion aussi *réelle* que *mystique*, aussi charnelle que spirituelle, j'espère que *Dieu et l'homme* ne seront pas seuls en présence et en contact, mais que ce seront *les hommes* qui communieront entre eux, par le *corps* et selon l'*esprit* de DIEU *révélé* et *incarné* dans TOUT CE QUI EST, dans CELUI QUI EST, dans celui qui a l'*éternité* aussi bien que l'*immensité*, parce qu'il est l'INFINI, le PARFAIT, sans limites de *temps* aussi bien que d'*espace*.

Vous allez penser que mon Eucharistie est un peu révolutionnaire, par rapport à celle qui se pratique aujourd'hui. Cela est vrai; mais vous savez bien que la *forme* de l'Eucharistie n'a pas toujours été la même, et que ceci est de discipline; car l'hostie est un des progrès du culte chrétien, et le fidèle lui-même ne boit pas aujourd'hui le *fruit de la vigne;* mais il nous est promis d'en boire du *nouveau* avec *Dieu incarné;* dans le *royaume du Père.* J'ai foi que nous boirons ensemble ce nouveau *fruit de la vigne;* j'aime ce vin *nouveau, ce vin doux* qui nous est promis.

P. E.